TEAM MULTIPLICATION METHOD

团队倍增法

从11人到20万人的奇迹

刘海旭 ◎ 著

广东旅游出版社
GUANGDONG TRAVEL & TOURISM PRESS
悦读书·悦旅行·悦享人生
中国·广州

图书在版编目（CIP）数据

团队倍增法：从 11 人到 20 万人的奇迹 / 刘海旭著．
—广州：广东旅游出版社，2019.5
　　ISBN 978-7-5570-1751-4

　　Ⅰ．①团…　Ⅱ．①刘…　Ⅲ．①企业管理－组织管理学
Ⅳ．①F272.9

中国版本图书馆 CIP 数据核字（2019）第 048653 号

出　版　人：刘志松
责任编辑：梅哲坤　于子涵

团队倍增法：从 11 人到 20 万人的奇迹
TUANDUI BEIZENG FA: CONG 11 REN DAO 20 WAN REN DE QIJI

广东旅游出版社出版发行
地址：广州市越秀区环市东路 338 号银政大厦西楼 12 层
邮编：510060
电话：020-87348243
广东旅游出版社图书网
（网址：www.tourpress.cn）
印刷：北京天恒嘉业印刷有限公司
（地址：北京市朝阳区豆各庄乡水牛坊村村南 218 号）
开本：787 毫米×1092 毫米　1/16
字数：182 千字
印张：16.5
版次：2019 年 5 月第 1 版
印次：2019 年 5 月第 1 次印刷
定价：68.00 元

【版权所有 侵权必究】

本书如有错页倒装等质量问题，请直接与印刷厂联系换书

前言

从特种到通特种
——如何发现及因用、不拘泥

我们都知道，每个人的存在，就是因为他有他的价值，难能可贵的是，人人都很谦虚，他们少有人知道，重要的是他们自己的价值。即有价值，单有价值，就自然难得，经营自己的四个小时，什么是持特？我们要来看看第一阶段着持特，"持特"就是持持为己的，一个人，加一个寺，这个寺的内容是独特的，持特重要我们用嘲弄的眼光来看待他。

第二阶段着持特，"米"，为着为之为的？我们来看看持字，就是说，你要持持一个人名，我们是进入这另外之年有，这样会就多道源不断给你带来的喜悦。所以，我们做什么，都经营做人的生意。为你有了持持的本钱时，你就懂得善知用自己的人格魅力了。这时，你可能就有机会说一个人的正，就承受自己所作为一些重要的代表人人。据此，吸引来各路精英聚集在你这个平台上，为这样精美而又高大的目的，他就觉得自己可以被称为"团长"了。

第三个阶段是生长。"生"加"长"，这一样，这样的团长才能长起来，你可以利用各自为政和现代科技各样的技术。不久，你的团队会有这么一点人，"生"，就是你的接纳，他们开始有自己一点人，这开始有独立的人群生长了。你的团队一定要从其他的人群生长，他们都是站在巨人的肩膀上的。

第四个阶段是壮大。"壮"，穿着一件军装，你就要用着华表并且守护你的团队，开始强大的也抵抗地壮大。

在壮大的四个阶段中，都是靠自己，靠样，靠样，靠样与勤奋靠着的团队的努力。

所以，要想带好团队，我们其实更要像好自己，只有自己努力了，才能带领团队走向成功，那么，怎么才能像有自己呢？我想你只能做三件事，即强调的在团队心。要为三件事的想法，看到位的时候，我们会把我们心做事的心说已经满重了很多了，成为了一个大的团队，接下来，在我们的头方各样的就是沿着团队的努力与奋斗，带领团队一起来样，生长与壮大。

在这个过程中，我们要知道拼的人的各力多少，能得得人的努力和困难会使我们努力做出来，我们用困团队中所有人的努力搞得到无限放大和激发出来。

中国历史上有两个非常有名的领导，一个人是刘邦，刘邦打仗不如韩信，谋划不如张良，后勤不如萧何，却能建立千秋伟业；另一个是刘备，刘备的本事并不大，但是关羽、张飞、诸葛亮、赵云都为他所用，他把这些人用得非常好，于是建立了蜀汉霸业。

我们也要像刘备和刘邦一样，用胸怀来聚人，用眼力来识人，用能力来育人，用魅力来留人。通过聚人、识人、育人、留人的过程，我们的团队就能实现裂变。当人的力量完全被调动起来时，业绩的倍增便也水到渠成了。

目录/CONTENTS

前言　从挣钱到赚钱　/I
序　谁是刘海旭？　/IX

第一章

团队的真正含义

物质共同体是团伙，精神共同体是团队　/002
精神高度统一，团队才能真正合一　/007
初心纯洁，团队才能走得更远　/012
信任是建立团队的第一要素　/016
经营团队就是经营人心　/022
想带好团队，先把"人"做到位　/026

第二章

带好团队的三颗心

强烈的企图之心　/032
炽热的学习之心　/049
浓厚的普度众生之心　/076

第三章

吹响团队的集合号——聚人

人才是团队的第一资源　/090
财聚人散，财散人聚　/094
满足人性六大需求，激发团队潜能　/099
找到痛点，终生追随　/113
团队自我品牌的打造　/117
统一价值观，打造凝聚力　/121

第四章

入骨三分看人才——识人

识人就是要洞察人性　/130
练就识别核心人才的慧眼　/134
只选对的，合适的才是最好的　/141
识人之长，更要容人之短　/145

第五章

培养人才的梯队——育人

每培养了一个人，就培养了一个火种 /150
建立五大培训机制，进行梯队建设 /157
善教者得天下 /160
亲自挂帅，培养人才 /165
立"标杆"，以榜样的力量教化员工 /169

第六章

建设好团队的堤坝——留人

做团队的精神领袖，方能创造"人和" /176
员工有信仰，团队有力量 /182
用信念留人 /186
心中有神——赋予员工神圣的使命 /192
没有制度是团队的灾难 /196

第七章

经济学中的团队管理

鲶鱼效应——用危机和竞争激活团队 /206
木桶效应——激励"短木板",提升团队实力 /209
破窗效应——重视小问题,防微杜渐 /212
青蛙效应——提醒团队保持危机意识 /214
霍布森选择——激发员工创造性 /217
雷尼尔效应——用人性化管理留住人心 /220

后　记　让更多追随者得到幸福,才是真正的倍增之道 /223
附　录　刘海旭经典语录 100 条 /229
　　　　纵生销售集团的辉煌征程 /238

序

谁是刘海旭？

纵生销售集团刘海旭董事长，是团队建设指导达人，被誉为"亚洲首席激励大师"，先后被评为"奋力实现中国梦最具影响力人物""2018中国经济十大影响力人物"，是辽宁省优秀企业家。

刘海旭是一位极具使命感的企业家，致力将公司打造成为最具品牌价值的销售集团。2007年，他白手起家，创建金诺安康，许下奋斗的目标，开创了金诺安康独特的历史使命和企业文化。他每一年都制定详尽的目标，这些目标在他的拼搏和努力下，带领团队都一一实现。

创业11年，他打造数十家公司，在全国设立500多家分公司，横跨教育、金融、地产、旅游、影视、移动互联网、美容、大健康、餐饮等多个领域，开辟出一条融合型产业链条，积累了亿万财富，成为中国千万青年人和众多企业家学习的榜样！

他是一位对祖国有着满腔热忱的爱国者，一位拥有独特思维和超凡智慧的企业领袖，他加快实施创新驱动发展战略，适应经济发展新常态，激发创造活力，努力创造经济发展新引擎。

他是充满激情的创业导师，是众多企业的培训导师，授课学员上百万，为企业及个人提供创业思想，帮助企业快速提升业绩，帮助个人实现人生梦想，被业内赞为"创业之神"。过去十多年来，他举办了1000多场演讲，上百万学员聆听了他的激情演说，受其影响的学员25万余人。在他的指导下，成千上万有理想的青年改变了命运，找到了财富之路，成为百万、千万富翁，甚至亿万富翁！激发员工创造活力，培育吸纳创新人才和创新团队，带动扩大就业，打造出适合国情的经济发展新的"发动机"。

他是跨界高手、营销大师、实业操盘手，堪称商业奇才。为了顺应网络时代推动大众创业、万众创新的形势，构建面向人人的"众创空间""互联网+"等创业服务平台。他策划了一系列经典的营销案例，成为营销界精英们争相学习和模仿的对象！

他是中国培训界的黑马，营销界的奇才，他于2013年创办的纵生销售集团，成功为25万人搭建销售平台，帮助大众在中国大地上掀起中国新营销行业的革命！

他是金融服务业无畏的勇士，是创新精神的最佳代表，是连竞争对手都交口称赞的人物！是辽宁省的优秀企业家，他被合作单位评为卓越领导人，在人民大会堂被评为"奋力实现中国梦最具影响力人物！"

他，是员工眼中的"中国好老板"，他带领的团队健康、快乐、成功、真实、简单，他累计为员工颁发轿车300多辆，房子近百套，各种高效奖励不计其数！每年多次的旅游，让员工开阔视野，不断激发员工积极向上、树立新的人生方向。

他，是电影导演和投资人、电影的男一号，并多次和明星搭档，主演《大咖驾到》，投拍多部电影，他是中国培训界的电影明星！

他，是旅游行业的领跑者，首创独立旅游团万人进港，全年单一公司游港澳人次达五万！

他，出席第二十九届国际科学与和平周开幕式并代表中国销售业发表演讲！

他，参选CCTV感动中国2018年度人物评选！

他拥有执着的信念和必胜的决心，他透过强大的个人魅力，影响周围的每一个人，让公司所有人获得蜕变、成长、重生。

他高瞻远瞩，乘风破浪，他开创以销售为主的独特产业链，目前已拥有保险代理公司、旅游公司、房地产开发公司、培训公司、餐饮连锁、网络科技公司、投资管理公司，是全中国唯一一家以销售为主的集团公司。

他大爱天下，传道育人，他帮助员工提升销售技能、企业提高绩效，帮助众人找到人生梦想；他立志成立全中国最大的销售集团，帮助中国企业走向世界。

使命、责任、大爱是他引领纵生销售集团全体员工发展的主旋律，十年磨一剑，如今的纵生销售集团蓄势待发，继续朝着打造全中国最大的销售集团，帮助中国企业走向世界的夙愿而奋力进发。

创业者的成功是永无止境的，未来，刘海旭矢志成为继比尔·盖茨、杰克·韦尔奇、史蒂夫·乔布斯之后，能够影响人类金融消费并改变人类思维意识系统的一代奇人！

第一章 团队的真正含义

第二章 带好团队的三颗心

物质共同体是团伙，精神共同体是团队

海旭说

物质的共同体，就叫团伙；精神的共同体，才能称之为团队。

每个人都想成就自己的一番事业，但成功者毕竟是少数。

在"大众创业、万众创新"的号召下，如今的商业环境非常宽松和活跃，新生企业如雨后春笋般出现。但是，当前中国企业面临的一个残酷现实是，绝大多数企业的生命周期都非常之短，能存活下来已经不易，成为独角兽的更是凤毛麟角。

为什么会出现这样的情况？到底是因为机制不完善，还是因为股权设置不合理？还是因为管理不到位？

根据我带团队十多年的经验，我发现优秀的商业模式或企业机制，是企业生存的基本前提，它们能让企业在市场上挺过前三年的初创期。但是，对于三年以上的企业，在市场上竞争是否能取胜，已经不再取决于商业模式与企业机制。只有人与人之间的情感交流和团队建设，才能帮助我们实现终极梦想。

那么，我们首先要搞清楚的一个问题是：什么是团队？

在生活中，我经常会听一些企业家说："我们是一个团队""我们的团队如何如何""我们要有团队精神"等。当我问他们什么是团队时，他们的回答通常都是诸如一群人共同协作、努力、分工等非常空洞的话。有口才的人，把自己的理念灌输给一些听话的人，大多数人认为这就是团队。但实际上，这样的定义并不准确。

在我看来，团队是两个层面的连接，一是物质层面，二是精神层面。一群人为了共同的利益聚在一起，形成的不是团队，而是团伙。一群人因为共同的理想和价值观凝聚在一起，在精神上实现了统一，才能成为团队。简单来说，物质的共同体，就叫团伙；精神的共同体，才能称之为团队。

要理解团伙与团队的区别，我们可以从家喻户晓的《水浒传》说起。看过这本经典名著的人都知道，水泊梁山高手会聚，好汉如云，"义"字当头；而北宋政权却是皇帝昏庸无道，将臣腐败无能，搞得民不聊生。

梁山好汉代表的是自由和解放，北宋政权代表的却是昏庸和压迫。从这两方面的对比来看，很多人都认为小说的结局应该是梁山好汉推翻北宋政权才对，然而，事实上却恰恰相反。为什么水泊梁山拥有一百单八将，个个骁勇善战，最终却只落得个惨淡收场？

根本原因在于，水泊梁山形成的是团伙，而不是团队。

梁山一百单八将的出身大概可以分为四种：第一种人，以前在北宋政府当官，在残酷的官场斗争中遭遇失败，被迫逃往梁山；第二种人，由于各种各样的原因，冲动杀人之后，为了躲避刑罚而逃到梁山寻求庇护；第三种人，本来就是土匪，以杀人放火为生；第四种人，是因为遭到北宋政府的迫害，愤而反抗，无奈之下落草为寇。

正是这四种人，组成了一支队伍。但实际上，这一百单八将，没有一个人是发自内心地希望为社会做出一些贡献，他们加入梁山，各有各的原因，自然也就各有各的目的。

在《水浒传》里，北宋政权稍微放出一点招安的信息，作为这支队伍领导者的宋江，就发生了动摇，最终在大好局面之下导致了内部的崩裂。可以看出，其实宋江的目标就是重新做回公务员，而其他人却不一定这么想。有命案在身的人，肯定担心政府事后追究，曾经遭遇迫害的也不愿意与仇人为伍，甚至有的人可能就是懒散惯了，不能习惯正规单位的作息时间。

所以，梁山好汉只能算作一个"团伙"，他们只是物质共同体，可以一起"大碗喝酒，大块吃肉"，却没有共同的理想，不能成就一番事业。

在企业创业之初，建立的团队通常都是物质共同体，尤其对于民营企业来说。在最初大家刚刚聚在一起的时候，更多的是追求物质。这一阶段，人们身上往往会表现出一种梁山好汉的"团伙精神"——讲义气、重情义，能一起吃苦耐劳，一起打天下。这是团队必经的一个阶段，如果一个企业最开始连团伙都没有建立起来，那它是不可能继续发展下去的。

但作为企业领导者，如果只满足于"物质共同体"，那企业是没有未来的。我们的队伍在达成物质共同体之后，就需要迅速裂变为团队。如果不能实现从团伙到团队的裂变，用不了多久，这个企业就会死掉，这支队伍也就散了。

只有团伙发展成为团队，团队里的每个人都追求共同的理想，为共同目标而战，为共同信仰而战，这样的企业才会发挥无穷的潜能。难道团队中的成员就没有自己的想法与目的了吗？不是的，任何人都有自己的想法，有自己的目标，但这些想法一定是建立在共同的理想和目标之下的。为了共同的价值观、共同的理想，每个成员都愿意贡献自己的力量，将这股股力量汇聚在一起，是不可估量的。只有这种形成了精神共同体的团队，才是打不垮、挖不走、能成事的团队。

中国古代的著名军事家孙武，在他的著作《孙子兵法》中写道："上下同欲者胜"，也就是说，上下一心，有共同的愿望，齐心协力，才能取得胜利。千百年来，我们中华民族之所以始终保持着强大的凝聚力和向心力，就在于各个民族有着共同的价值观和精神追求。

在历史的长河中，我们的祖国之所以生生不息、不断发展，而且越来越强大，就在于生活在这片土地上的人们，凝结成了一荣俱荣、一损俱损的精神共同体。我们的企业，想要成为百年企业，基业长青，也必须把团队打造成为一个精神共同体，建立起共同的精神信仰与紧密的情感链接。

感悟箴言

11年前,我只身来到沈阳。通过11年的打拼,我一手缔造的纵生销售集团旗下的分公司,几乎遍及全国。是什么促使我实现了如此巨大的蜕变?正是因为我组建了一支强有力的团队。

我们的团队最初只有11个人,今天已经发展成为一支拥有20多万人的庞大队伍。在这个过程中,我们真正凝聚成了一个精神共同体。无论何时,我们的团队都不抛弃、不放弃,坚持共同的使命和目标,我们每一个人都把团队荣誉看得比个人利益要重。现在,纵生销售集团还在稳步发展,我们的团队仍在不断发展壮大。

一个人的努力,是加法效应;一个团队的努力,是乘法效应,这就是团队的力量。

精神高度统一，团队才能真正合一

海旭说

当企业中的所有人，都把为社会做贡献、为社会承担责任、为企业负责、为他人负责，当成一种使命时，这个团队才能称之为真正的团队。

精神共同体才是团队，换句话说，作为领导者，必须使团队中的每个人都达到高度的精神一致。只有这样，事业才能持续推进，不断向前发展。

我们都知道，军队堪称世界上战斗力最强的团队组织，不仅效率高，而且值得信赖。国内的很多知名企业，比如联想、华为等，都曾借鉴军队的管理方式。军队为什么这么牛？因为军队拥有共同的使命感、共同的责任感，他们在精神上达到了高度统一，从骨子里认同军队的核心价值观，将其外化为自发、自觉的行动，乃至成为习惯和本能，凝聚成集体意志，使组织中的每个人都与集体的使命和利益融为一体，从而同心同德、共赴使命。

这就是军队带给我们的启发：只有树立崇高的理想，培养神圣的使命感，才能让事业更精彩、更有意义，才能超越平庸、迈向卓越。如果我们的团队能像军队一样,有军魂,就像柳传志所说:"令旗所到之处,三军人人奋勇,进攻时个个争先,退却时阵脚不乱",如此,企业就能无往不利,事业何愁不能做大、做强呢?

俗话说:"兄弟齐心,其利断金。"精神高度统一,团队才有凝聚力,在这种凝聚力的指引下,团队中的所有成员会找到一个共同点,并把将共同的信念、共同的追求、共同的行为准则,塑造成团队中独具特色的文化。这种文化是团队最可贵的精神财富,它既是凝聚力的升华,又是产生凝聚力的源泉,会激发员工的自尊和自信,激励员工奋发进取,唤起员工的自觉意识,给团队带来无比巨大的力量。

要想做到精神高度统一,最重要的是要使整个团队产生高层次的精神追求。当企业中的所有人,都把为社会做贡献、为社会承担责任、为企业负责、为他人负责当成一种使命时,这个团队才能称之为真正的团队。而要达到这一点,企业家必须以身作则,提升自己的精神境界,树立起社会责任感。

纵观世界,很多成功的企业家都把为社会做贡献当成自己的责任。

"石油大王"约翰·洛克菲勒是19世纪第一个亿万富翁,他几乎垄断了当时的国际石油市场,积累了天文数字般的财富。但他赚到的钱,有很大一部分投入到了慈善事业。他致力于慈善,不是简单地把钱捐出去,而是非常注重那些能够推动全人类进步的领域。他做慈善的方向,主要是教育和医疗事业,如今闻名于世界的两大高校——芝加哥大学和洛克菲勒大学,就是由他创办的。他还曾经派专人到中国调查慈善状况,得出的结论是"交通不便,不

适合办学",于是转而办医院。现在在中国赫赫有名的北京协和医院就是由美国洛克菲勒基金会资助建立的。除此之外,洛克菲勒还给十几所中国大学捐资,其中接受捐款最多是坐落在北京郊区的燕京大学。

微软的创始人比尔·盖茨,曾经连续多年蝉联世界首富,但让他闻名于世的,不只是他富可敌国的财富,还有他对慈善事业的热衷。比尔·盖茨曾经说过一句话:"钱对我来说的唯一意义是慈善。"我非常欣赏他说的这句话,我与比尔·盖茨的财富观是一致的。在我看来,当财富积累到一定程度,金钱就没用了。所以比尔·盖茨用他的财富建立了世界上最大的私人慈善机构——比尔和梅林达盖茨慈善基金会,用来帮扶和救助弱势群体。非洲那些贫困、干旱缺水、疾病泛滥地区,经常出现比尔·盖茨的身影,经常有盖茨基金会投入的资金。

爱国实业家霍英东先生为祖国的文化、教育、体育事业以及家乡建设捐献了大笔金钱,总数超过了40亿港元。以他的名字命名的"霍英东基金会"以捐献和非牟利投资形式,多年来策划了数以百计的项目,在推动各地教育、医疗卫生、体育、科学与文化艺术、山区扶贫等方面做出了巨大的贡献。

精神追求是决定我们做出什么行为、采取什么行动的关键因素。人可以为不同的追求而生存,比如金钱、名利、事业。每个人的精神追求不同,激发出来的动力、活力以及所表现的精神状态也不一样。但是,无论是团队还是个人,只有树立更高的精神境界,才能引导我们以积极的心态和扎实的行动奋斗不息,实现自我价

值，承担起社会责任，成就一番事业。

一个团队的存在，不能仅仅为了自身的生存。今天，当我们对中国产品在世界市场上所取得的成就和对中国经济的繁荣感到振奋和自豪时，仔细思考过后，我们会发现，取得这些成绩的根本原因，在于以企业为主要形式的经济团队所创造的巨大价值改变了我们的生活，创造了我们这个时代的繁荣。

一个企业，绝不能把追求利润作为唯一目标。除了赚钱之外，企业还应该服务社会、传播正能量、为更多人提供就业机会、把高质量的产品和服务提供给消费者。一个企业如果上到老板，下到每一个普通员工，都能有这样的精神追求，那么这个企业最终一定会大有作为。

古语云："求其上者得其中，求其中者得其下，求其下者无所得。"一个人立上等的目标，最后可能只达到中等成绩，而如果立下一个中等的目标，最后可能只达到下等成绩；如果立下一个下等的目标，就可能一无所获。所以，我们一定要有更高层次的精神追求，如果一个人追求的层次本身就在中下，是不可能靠运气不断进步的，那样的低层次团队也不会有长远发展。

感悟箴言

现在世界上知名的大型企业，大多以服务社会、改变生活方式、造福人类这样的崇高使命作为自己企业文化的核心。

纵生销售集团也是如此，纵生的每个人都把为社会创造价值作为自己的使命，每个人都为有这样的使命而自豪，我经常听我的员工们说自己今天做了哪些事情、如何服务好客户、如何帮助别人。每当听到他们在分享这些事情的时候，我心里就会有一种深深的感动：我们做的也许只是很小的一件事情，但是对于纵生销售集团的人来说，却是精神境界的一种体现。

不管身在何处，不论何种职务，我们都在为同一个使命而奋斗。很多客户也被我们这种精神所鼓舞，我们也因为有这样的高层次精神追求，而一次次地赢得客户的信赖。

初心纯洁，团队才能走得更远

海旭说

当你的初心是纯洁的、做的事情也是正确的时，团队未来就能走得更远。

在我搭建团队的过程中，我发现，做团队之前的事可能更重要。我们做销售的人都知道，跟客户见面之前，就要接触，我们把它叫作"接触前准备"，我们创立团队也是这样。所以，我们必须明确一点：作为领导者，你的初心决定了团队的未来发展。

如果你组建团队的初心是不好的，你的团队也不会生存得长久，也不会做得大。举个例子，如果你搭建团队是为了抢劫银行，那么，即使你的计划非常周密，胆量够大，你的团队也不会有什么好下场。因为你的团队是一个犯罪团伙，就算暂时得手了，早晚也会被绳之以法。

所以，当你的初心是纯洁的、做的事情也是正确的时，团队未来就能走得更远。如果你的想法不正确，初衷就是一些错误的想法，甚至是邪念，那即使你搭建的团队再优秀，也注定走不远。

不知你是否还记得多年前震惊国人的"三聚氰胺事件"。

2008年5月20日,一条控诉三鹿奶粉质量问题的帖子出现在天涯社区,发布者是一位妈妈,她13岁的女儿因为喝了三鹿奶粉导致身体异常。不久后,投诉事件接二连三,矛头都对准了三鹿奶粉。很多食用三鹿奶粉的婴幼儿,被诊断患有肾结石,部分已经出现肾功能不全的症状,同时已造成1人死亡。3个月后,三鹿集团送检的16个婴幼儿奶粉样品中,15个检测出了三聚氰胺的成分,毒奶粉事件让整个社会为之震动。

这个惊天消息,如同推翻了第一块多米诺骨牌,引发了中国整个奶制品行业的崩塌。中国有句俗语:"一粒老鼠屎,坏了一锅汤。"三鹿事件就是一个活生生的例子。一味利己,眼中只看到利润,不但会把自己害死,还有可能影响整个行业。从那之后,国人对本土乳制品企业的信任度降至冰点,婴幼儿奶粉也成为海外代购的热销产品。

前车之鉴,时时为我们敲响警钟!

每个企业家都应该静下心来好好想一想,你最开始建立团队的初心是什么?

我相信,很多人建立团队之初,大多怀有私心。在最初的时候,大多数人的思想都是比较狭隘的,也正是因为有这样的狭隘的思想,团队的发展才会受到制约。

我们去公园的时候,会看到这样一种景象:两块大石头紧挨在一起，中间有一道狭小的缝隙，人从这个缝隙中穿过去，就会看到很美的风景。但如果卡在这个缝隙中出不去，就会发现，往旁边看只有石头，抬头看，也只有一条狭小的缝隙，没有任何风景。如果一个人的思想很狭隘，就会像人卡在石头缝中一样，视野受到限制，只能看到眼前的事物。

如果很多人还在困惑为什么你的团队做不大，相信你已经找到答案了。

所以，我们在建立团队之时，初心一定要纯洁。你的初心，决定了企业的未来是什么样的。这一点至关重要。

1975年，从哈佛大学退学的比尔·盖茨，与他的朋友保罗·艾伦一起在美国新墨西哥州创办了一家公司，他们的初心是"让每一张办公桌和每一个家庭都拥有一台计算机"。在那个只有极少数人才知道个人计算机究竟为何物的年代，这个构想意味着信念与胆识的一次飞跃。如今，这家公司仍在高速运转，延续着昔日的辉煌，创造出一个又一个新的软件神话，这就是微软。

微软公司前首席执行官兼总裁史蒂夫·鲍尔默曾经说："微软之所以能够成为当今世界上最有价值的科技公司，主要是因为比尔·盖茨对梦想的坚持与执着。"1980年，在加盟微软仅一个月后，鲍尔默便萌生了辞职的念头。比尔·盖茨竭力挽留，并充满激情地向他描述了公司的发展前景。"比尔为了挽留我，这么对我说：'你没明白，你没明白，你没明白！我们将要在每户人家的每张桌子上都放上一台电脑。'"

比尔·盖茨有关个人计算机的远见和洞察力，一直是微软公司在软件业界成功的关键。比尔·盖茨积极参与微软公司的关键管理和战略性决策，并在新产品的技术开发中发挥着重要的作用。在比尔·盖茨的领导下，微软不断地提高和改进软件技术，并使人们更轻松、更实惠、更高效而且更有趣地使用计算机。

回望比尔·盖茨走过的路，我们不难看出，他的初心是如何影响微软的发展，又是如何引领微软成为如今的庞大帝国。从他对初心的坚持中，我们也能看出一位伟大企业家身上所折射出来的智慧。

因此，我们每天都应该找一段时间，静下心来问问自己：当初创建团队到底是为了什么？是为了帮助人、解决别人的困难，还是为了从别人身上赚取利益？

如果你的出发点是为了帮助更多人解决问题，而不是为了一己私利，我相信，你的团队未来一定会走得很远，你的事业一定会做得很大。

只有纯洁的初心才能历久弥新，愈久愈坚，成为引领团队持续发展的一种不灭的精神。也只有纯洁的初心，才能创造向善的事业。

信任是建立团队的第一要素

> **海旭说**
>
> 一个不能相互信任的团队，根本不能称其为"团队"，只能算是一个"团伙"。

你是否曾经带过彼此不信任的团队？如果你有过这样的经历，就会知道这是一件多么艰难的事情，它会无情地吞噬你的时间和精力，却毫无产出。

实际上，一个不能相互信任的团队根本不能称其为"团队"，它只是一群彼此之间毫无配合的个体在一起工作，常常令人失望。团队成员会把自己的全部精力放在和团队其他成员互相猜忌和斗争中，他们不愿意分享信息，不愿意共享知识，不愿意团结协作，甚至不愿意主动沟通，这导致团队内耗严重。不管团队中的人是多么能干或多有才华，如果他们不相互信任，他们就永远都不可能发挥出自己的价值，团队的执行力也不会高到哪去，更不可能产生高绩效。

2016年，有一位叫保罗·扎克的心理学家做了一项调查。他们在美国收集了1095名各具代表性成年员工的资料，比较了"对企业高度信任"的员工与"对企业不那么信任"的员工的差别。数据显示，

前者的工作精力比后者高出106%，工作效率高出50%，病假少13%。对于"现在生活的满意度"，前者也比后者高出29%，并且关于"是否感到筋疲力尽"的心理状态，前者比后者低40%。由此，他们得出了一个结论：建立信任的文化，才能有效提高员工工作投入度。与在低信任组织工作的人相比，高信任组织的员工生产力较高、工作更有活力、与同事合作更佳，在组织里任职的时间更久。

因此，我们可以看出，团队执行力的关键是什么？是信任，这是团队生存的基石。那么，怎样才能在企业中建立起彼此信任的良性关系呢？

第一，作为领导者，一定要拥有正直、勇敢的品德，树立道德的典范，言行一致，把自己奉献给企业，并能全心全意地领导企业。领导者只有具备了勇于自我牺牲的精神，他的下属和员工才会敬重他、信任他、追随他。

第二，要想取得员工的信任，还要关心员工，学会去表达你的善意，适时告诉员工你的真实感受，诚实地去和员工交流，保持开放的态度，懂得倾听与包容，并运用同理心，去深入体察员工现在所处的环境，你的企业中才会充满安全感，员工才会对你产生信任。

第三，要尊重每一个团队成员。被尊重是一个人最根本的需求，人人都希望获得尊重。如果没有尊重就不会有好感，更不存在信任。要把每一位和你一起做事的人，看成平等的人。他们有独立的人格，有各自喜欢的方式。团队领导者只有尊重团队成员，才能使他们的积极性和智慧得到充分的发挥。

IBM有三条非常重要的管理准则，即必须尊重个人，必须尽可能给予客户最好的服务，必须追求优异的工作表现。这三条准则为IBM商业帝国的缔造立下了汗马功劳。

在这三条准则中，排在第一位的是必须尊重个人，也就是"尊重员工的一切"。老托马斯·沃森创立公司之初就已经明确了这条准则，而小托马斯·沃森接手公司之后更是将这条准则奉为圭臬。IBM对员工的尊重既体现在他们一贯坚持的基本理念上——"员工是公司最重要的资产，每个人都能够使公司变成不同的样子，每位员工都是公司的一分子"，更体现在公平的薪酬机制、能力与绩效相匹配的考核体系、有效的培训和充分的发展机会等各个方面。

也正是因为这份尊重，员工们才会愿意与IBM一起成长，为公司付出自己的一切。可以说，是对员工的尊重造就了IBM的过去和现在，也必将创造出IBM的未来。

尊重是一种行之有效的激励手段，当你给予你的员工充分的尊重的时候，员工们就会感到自己在企业中的重要性，这种意念会使他们产生一种强烈的使命感。他们不再把团队领导当成是对立面，而是主动和你打成一片，站在你的立场上，积极与你交流，尽心尽力地完成你交给他们的工作，心甘情愿地为企业的发展而努力。

第四，要想得到员工的信任，还要给予员工充分的信任。很多领导者犯的一个错误就是，只信任自己，不信任下属员工的能力。虽然工作都委派出去了，却一万个不放心，事事都要下属汇报，这样下属员工工作起来束手束脚，如履薄冰，根本无法充分发挥自己

的能力。而领导者自己也会忙得焦头烂额，整个团队的效率就这样被拉低了。其实，这样只会得不偿失，要知道，只有信任才能换来信任。

松下幸之助非常信任自己的下属。1926年，他计划在日本金泽开设一个新的办事处，他把一个年仅19岁的年轻员工找来，对他说："我打算在金泽开办一个办事处，我觉得由你去做这件事比较适合。你现在就到金泽去，找一个合适的地方，租一个办公地点，需要多少资金，你可以跟我说，我会给你提供充分的支持。"

年轻人听了以后，非常吃惊，因为他不相信老板竟然会把这么重要的任务交给他。他到了金泽之后，马上开展工作，每天都会把自己的进展写信给松下幸之助，向他汇报自己的成果。松下幸之助给他回信，跟他说："不必每天向我汇报，一个季度汇报一次就可以了，我充分信任你的能力，放手去做吧。"

年轻人备受感动，后来，金泽办事处办得越来越好，给松下集团创造了丰厚的利润。

这样的例子在松下集团比比皆是。比如，公司从来都不会对员工保守商业秘密，新员工入职的第一天，就会受到毫无保留的技术培训。一些人对此十分担忧，害怕这样会泄露松下的商业秘密。但是松下幸之助却说，如果你招聘这些员工进入你的企业，就要充分地信任他们。如果为了保守商业秘密而对员工进行技术封锁，造成员工在生产过程中业务不熟，肯定会导致残次品率的提高，造成企业成本的增加，这样一来，公司受到的损失会更大。

松下幸之助在总结自己的管理经验时曾经说过："我用这种信任的授权方式来做事，在公司还没有遭遇过什么失败，对人信赖，是培养优秀员工的一个非常重要的条件。"

最重要的是，要把个人利益与团队利益统一起来。彼此信任的团队是为了共同利益而战，互相怀疑的团队是为了各自利益相争。每个人都要奔着同一个目标，把团队的利益放在第一位，为团队的兴而高兴，为团队的衰而难过，这样的团队才有凝聚力。

感悟箴言

在纵生销售集团黄埔训练班开班期间，我每天都会到培训学校亲自授课。无论天多热，我都会坚持穿着长袖衬衣、系着领带，在我看来，这才是一个讲师的风范，有时，一边讲课，一边汗水就流了下来。高频次的全天授课影响了我的嗓子，为了保护嗓子，课堂上，我喝泡着的胖大海的水，下课赶紧吃金嗓子喉宝，长时间地用药，使我对金嗓子喉宝产生排斥反应，实在不愿意吃，就干脆嚼碎了咽下去。中午学员休息，我就抓紧时间备课，还要趁着这点空闲处理公司的各种事务，为了打起精神，我只好一杯接一杯地喝咖啡。

长时间的疲劳，使我的免疫力下降，感冒发烧吃药都不管用，只能打点滴，但是打点滴需要时间，怎么才能不耽误给学员们上课呢？我想了一个妙招：一边在讲台上讲课，一边打着点滴；有时实在太累了，我就坐在椅子上稍做休息。由于每天站立时间过长，我的腿和脚都肿了，但我不断提醒自己：只要站在讲台上，就要充满激情、要神采奕奕，要用最好的精神状态面对学员。

2008年12月，纵生销售集团2009升级版营销薪资制度在全省主管培训班上进行宣导。我率全体高管、团队长针对2008版薪资制度进行了运行一年的实际论证，同时在员工宿舍内进行了七天七夜的反复研讨。没日没夜的工作使我角膜炎、结膜炎同时发作。为了让员工更快、更好地掌握新版薪资制度，在多日来超负荷工作之后，我仍然放弃了休息时间，研讨完毕后亲自为来自全省的业务主管讲课。学员们看到站在讲台上双眼红肿的我，都不知道我的眼睛是生生累病的。

我的眼病每20分钟就要滴一次眼药，并且要四种不同的眼药轮流滴入。因为要不断讲课，所以我没有时间上药，结果眼睛肿得非常厉害，不断地流眼泪，最后，竟然流出了红色的眼泪！

看到这一幕，在场的所有人都震惊了，纷纷劝我停下讲课，赶紧去医院，但这时，我的倔劲儿犯了：一定要把课讲完！就这样，我一次又一次地流下血泪，一次又一次地将它擦干，就这样坚持讲了整整一天的课。当下课后，伙伴们拉着我去医院医治时，医生气愤地说："病情这样严重，如果来晚了，恐怕就要有失明的危险，你不要命了？"站在一旁的员工们听到医生的话，都哭了起来："刘总，你所做的一切都是为了公司和大家，可是，你不能连自己的身体都不顾了啊！"

员工们的话让我感动，但这就是我的做人做事的原则。我常对员工们说："只要大家爱听，我就是累死也要讲。在咱们公司，只要有我一口粥喝，就有大家一口粥喝。"

经营团队就是经营人心

海旭说

你把自己交给事业，员工就把他交给你！

一群人心里有同一个目标，劲儿才会往一处使，才能创造非凡的事业。俗话说："浇树要浇根，带人要带心。"经营一个团队，有多少真心，就能换来多少忠诚，只有用心对待下属，才能得到对方的不离不弃。

我刚刚创业的时候，经历了无数艰难困苦，但无论日子多么难熬，我的伙伴们都一直追随着我。

美国著名的管理学家托马斯·彼得斯曾经大声疾呼："一边歧视和贬低你的员工，一边又期待他们去关心产量和不断提高产品质量，无异于白日做梦！"每个员工都需要团队给予他们关爱，也只有从团队的温暖中提升自我的满意度。创造关爱的团队氛围，营造一种向心力，员工才能为团队竭尽所能。相反，如果团队里人与人的心都不在一起，提高员工的工作热情、发挥他们的潜在能力也不过是一句空话。

作为辽宁省企业顾问，我经常和一些企业家进行交流，经常会有人问我："为什么你的员工都对你那么死心塌地？为什么别人出高好几倍的价格也挖不走你的人才？为什么我想尽了办法也留不住员工？"

我问了他一个问题："你开的是什么车？"

他很困惑，说："我开的是宝马，70多万。"

我说："你能不能把你的这辆70万的车卖掉，再买7辆10万的车，给你的老员工们各发一辆？"

如果我们能像这样，把自己的心交出去，又何愁员工不会把心交给我们？

法国企业界有一句名言："爱你的员工吧，他会百倍爱你的企业。"用心爱员工，团队与员工才会建立起一种和谐的关系，互相之间产生了充分的信任，才能真正实现"人企合一"。

感悟箴言

2007年冬天，沈阳北风呼啸、异常寒冷。我在一间刚刚粉刷过的民房里紧张地工作，那是我个人创业梦想开始的地方。办公环境很简陋：只有两张从旧货市场淘来的旧办公桌，还有一部用于联系的电话机和传真机。但就是在这样的环境中，我的团队伙伴们仍然选择跟着我一起奋斗。他们对我说："老大，虽然这房子旧了一点，但是，地方还是够用的，再配一部电话，我们就可以开展工作了！""老大，我们相信，在不久的将来，我们的公司一定会搬到沈阳市最好的写字楼里,我们的公司一定能够做大、做强!"

听着这些话,我的心里涌起了一股暖流,我想,我一没钱,二没背景,在这样的情况下,员工们竟然还如此相信我,我还有什么理由不相信自己呢!

就这样,在这间破旧的办公室里,我们怀着满腔热情,全力以赴地工作着。7个外勤员工任职团队长,一番计划后,他们开始打市场;4个内勤则紧张有序做起了公司内部的相关工作;而我,也在时时刻刻思考着该如何扩大经营……

虽然各个岗位的工作都已经启动,但是公司还没有完成注册,而且这些员工每天只能吃清水煮挂面,条件异常艰苦。但就在这样的情况下,所有的员工都百分百相信我,每个人都心无杂念地专注于自己的工作,从未有过一丝怀疑。

很快,一个月的时间过去了。在这一个月当中,我带着大家不分昼夜地工作,经过不懈的努力,我们的队伍也不断壮大,在第一次开新人培训班时,就有30多人来听课。

眼看就要到该发工资的时间了,可是我却囊中羞涩,该怎么办呢?正当我为此发愁时,令我意想不到的是,一起创业的伙伴们不但没领工资,而且纷纷拿出了自己的积蓄,用作大家的生活开销,到最后大家甚至一起透支信用卡来维持生活。

看到这样一群既团结又有爱心的员工,我的内心有一种说不出来的感动,更让我感慨的是,大家对我无条件的信任。那时,虽然我没钱,但这些优秀的员工就是我最大的财富,有他们的支持,我坚信自己一定会成功!

凭着这样一份信任和热爱,我们终于迎来了团队的第一张保单。

这张保单是在公司没有注册、我们一无所有的情况下签下来的，可见员工的付出有多大！这一单签来了 4000 元的保费，但它带给我和整个团队的震撼和感动，远远高于这 4000 元的价值！

公司想要迅速发展，离不开资金的支撑。为了解决这个问题，我开始四处寻找股东。皇天不负有心人，终于，我以一个充满激情的创业者的态度，影响了一名投资者的情绪："某总，保险代理行业目前处于'发展期'，一切都刚刚开始，如果我们能在这个行业迅速占领市场，未来的发展真的是不可估量，并且，这也是一项富有意义的事业，是一件利国利民的大好事……"

某总对我相见恨晚，当场决定加入公司，成为公司的股东并且注入 100 万元的资金。

就这样，经历了很多挫折与打击、坚持与努力，我和我的团队推动着公司前进，纵生销售集团正式起航！

2007 年 6 月 10 日，在纵生销售集团的开业典礼上，我红着眼圈对伙伴们说："伙伴们，在我最困难的时候你们支持我，我真的要感谢你们对我的信任。从我踏入保险行业的那一天，从我了解到保险行业有你们这样一群人的那一天，从你们分别找到我、支持我创业的那一天，我便立下誓言，我一定要对你们的未来负责，我们一定会生活幸福，并且成就一番轰轰烈烈的大事业！"

想带好团队，先把"人"做到位

海旭说

作为一个团队的领导者，首先要有人的本质。

团伙变成团队的过程中，精神的统一是至关重要的，初心的纯洁也会发挥巨大的作用，信任与人心更是不可或缺的，但还有一个不容忽视的关键元素，就是团队的领头人。

这些年，我结识了很多非常优秀的企业家，通过与他们的交流，我发现，在这些人身上都有一些特质。为什么他们能在成功的道路上大步向前，而其他大部分人尽管一直在努力，却仍然原地踏步？正是因为缺乏那些成功人士身上的闪光点。所以，我总结出来：一个人要想带领团队走向成功，首先要把人做到位。一个做人成功的人，才能带动别人。

作为一个团队的领导者，首先要有人的本质。

我们看《西游记》里的取经团队，有唐僧、孙悟空、猪八戒、沙和尚、白龙马这五个主人公。大家都知道，这支团队的创建者是唐僧，那么，为什么不是孙悟空、猪八戒、沙和尚、白龙马？是因为他们本领不够高强吗？不是，唐僧的这几个徒弟个个都神通广大，全都比唐僧厉害。那么，既然他们都手眼通天、无所不能，为什么却都乖乖服从于看起来最弱的唐僧？我在《团队倍增法》的培训课上说过：孙悟空是一只猴子，猪八戒是一头猪，沙和尚是一条鳄鱼，白龙马是一条龙，他们虽然法力无边，但他们都不是人。作为领导者，一定要先做人，人做不好，团队一定不能做大、做强。

但是，我们会看到，有些人虽然站在那里也是人模人样的，却只有人的外形，缺失了人的本质。举个例子，那些借钱不还、坑蒙拐骗、小偷小摸、小肚鸡肠的人，这些人他们本身做人有问题，他们的团队当然建立不起来。比如借钱不还的人，他不重信用，没有信誉，没有人愿意跟他走到底。

所以，一个人只有把人做好了，才能吸引更多人追随他，与他一起为梦想打拼。史玉柱就是一个典型的例子。

1989年，史玉柱研究生毕业以后，没有像其他人一样选择找一份"铁饭碗"，而是颇有前瞻性地选择了下海创业。凭借在深圳研究开发的M-6401桌面中文电脑软件，史玉柱挖掘到了人生的"第一桶金"。1992年，他创立了巨人高科技集团，从刚成立开始，公司的发展一直非常迅猛，业绩也屡创新高。1995年，史玉柱被《福布斯》评为中国大陆富豪榜的第八名，而且是唯一依赖高科技起家的企业家。

接下来，他开始把自己的注意力转向了保健品，脑黄金项目开始起步。巨人发起了轰轰烈烈的"三大战役"，把12种保健品、10种药品一起推向市场，投放了1亿元的广告，并且还启动了巨人大厦项目。如此大手笔，令人惊讶不已。不过，四面出击的恶果很快就显现了出来。1996年，巨人大厦资金告急，为了避免使其成为"烂尾楼"，史玉柱决定把保健品方面的大部分资金投入到巨人大厦中。如此一来，保健品业务因资金"抽血"过量，再加上管理不善，巨人集团危机四伏。

1997年初，巨人大厦没能按照预定的时间完工，一些已经支付了房款的购楼者天天上门要求退款。这引起了媒体的注意，一时间，几乎所有的报纸、杂志都对巨人的财务危机展开了"地毯式"的报道。不久，只建至地面三层的巨人大厦停工。

正在这时，有一家媒体在一篇题为《巨人公司濒临破产》的报道中曝光了巨人的财务危机问题，一时间闹得沸沸扬扬，投资人都开始找史玉柱，要他还钱。一个星期之内，巨人迅速坍塌。据说，当时史玉柱只差最后1000万元的资金，就有可能渡过那次难关。但就是这最后1000万元，难倒了英雄汉。

这时的史玉柱35岁，欠下2.5亿元巨债的他被戏称为"中国首负"，这之后，他从公众的视野里消失了整整三年。

但是，虽然经历了如此巨大的失败，史玉柱并没有因此而沉沦下去。在数年的蛰伏之后，他重新运作"脑白金""黄金搭档"等保健品，这一次，他获得了爆发式的成功。资金实现良性运转之后，史玉柱做了一件让大家有点吃惊的事情：他把以前欠的2.5亿元债务都还了。想保持低调的他悄悄地从香港开始还，但国内媒体还是得到了消息，有人称赞他"讲信用"，也有人讥讽他"会炒作"。他回应称："我既不像外界说得那么高尚，也没有那么龌龊，我前面的路还很长，欠着人家，走到哪都挺丢人的，心里不踏实。"

今天，史玉柱已经成为中国最牛的企业家之一。为什么他能一次次创造这么大成就？就是因为他懂得做人，他还清了自己欠下的那 2.5 亿元债务。试想一下，如果他欠着巨款，却自己天天花天酒地，他肯定无法成功。

一个把人做到位的领导者，其思想不会只停留在物质层面，他们都是活在精神世界里。无论是杰克·韦尔奇、沃伦·巴菲特，还是稻盛和夫、李嘉诚，他们在精神层面都达到了很高的境界。

唐僧作为取经团队的领导者，他在物质上几乎没有任何要求，从来不讲究吃穿，一心向佛。实际上，《西游记》告诉我们一个道理：贪吃、贪喝的人是不可能成为领导者的。如果一个领导者讲吃、讲穿、讲排场，住要豪宅，行要豪车，这样的人是不可能带领他的团队走很远的。

所有的创业者都是苦行僧。他们可能每天吃盒饭、住陋室，但追求的是一种利他、奉献的精神，这种精神，会转化为强大的力量。

人字是一"撇"一"捺"组成的，一"撇"是物质，一"捺"就是精神。我们一定要在精神境界上得到丰富的发展，如果没有精神的支撑，物质也会慢慢倒下。只有在精神上立住了，一个人才能真正站起来。

所以，作为一个领导者，一定要记住，下面还有很多双眼睛看着你，正人先正己，身正令才行，自己做好了，才可能影响到别人。

感悟箴言

纵生销售集团每年创造的利润无数，为了让员工一同分享企业的发展成果，我们建立了完善的利润分享制度，几乎团队里的每个人都会得到丰厚的分红。但每年我都会把我分到的那一份拿出来分享给大家。对我来说，钱不是最重要的，把我的这部分利益分享给大家，使我们的团队变得更有凝聚力，我在精神上会得到更大的满足。

我时时刻刻都牢记着自己身上有一种责任，不能辜负下属对我的信任、社会对我的认可、国家对我的支持。这些给了我很大的压力，但也给了我源源不断的精神支撑。

我在培训时常说，如果我从现在开始什么也不做了，我拥有的财富也足以让我下半生衣食无忧。但今天我仍然像刚创业时那样拼命，这一切不是为了自己，而是为了我的员工，为了我心中的这份对社会的责任。

第二章
带好团队的三颗心

第三章
吹响团队的集合号——聚人

强烈的企图之心

> **海旭说**
> 拥有强烈的企图心，是成功的第一步。

11年前，我还是一个一无所有的穷小子，但我知道，我不想过这样的生活，我想改变自己的人生，甚至改变整个家族的命运。不过，当时的我很迷茫，不知道要做些什么。源于最开始的一种起心动念，我有了一个梦想。

第一，想成功，就要有强烈的企图心。

中央电视台的经济频道每到年底的时候都会播出一档节目，评选"十大经济风云人物"。这是我非常喜欢的一档节目，几乎每年我都会收看，尤其是第二届我看得最为仔细。当时，那一届的"十大经济风云人物"有马云、牛根生、柳传志、张瑞敏等。这些中国最顶尖、最优秀的企业家，自信满满地站在舞台上，接受龙永图的表彰和颁奖。

当时，我感觉受到了极大震撼，内心升起一股不服输的劲儿：为什么他们能站在那个舞台上，得到全中国最高的奖赏，我为什么不能？字典里并没有写"刘海旭不能创造奇迹",他们能做到,我也一定能做到!于是,我给自己树立了一个梦想:我要成为"十大经济风云人物"!

那时的我一个月连1000块钱都赚不到,这样的想法简直是太疯狂了。到现在,很多人听我说起这个梦想后,都觉得11年前的我只是在胡思乱想、做白日梦。

但事实上,正是以这个梦想为起点,我开始了自己的创业历程,三年后,我创立了自己的公司,然后经过一步步艰苦卓绝的打拼,纵生销售集团已经成为一家专注于销售的大型集团公司。

其实,不只是我,我认识很多中国优秀的企业家,也曾经读过很多世界顶级企业家的传记、故事,我发现,所有人都有一个共同的特点,那就是他们都有强烈的企图心。

什么是强烈的企图心?很多人并不理解,我先分享一个故事。

有一位年轻人,想向大哲学家苏格拉底求得真知。

一次,苏格拉底将这个年轻人带到小河边,只听扑通一声,苏格拉底就跳进河里去了。年轻人一脸的迷惑不解:"难道大师要教我学游泳?"看到苏格拉底在向自己招手,年轻人也急忙走过去跳进了河里。没想到,他刚一跳下来,苏格拉底迅速用力将他的脑袋摁进水里。这个年轻人拼命挣扎,刚一挣脱出水面,苏格拉底又用更大的力气将他的脑袋摁进水里。年轻人拼命挣扎,奋力挣出水面,还没有喘上一口气,谁知苏格拉底再次用力将他的脑袋摁进水里……

最后年轻人本能地用尽全身力气再次从大师的手中挣扎出来，他游到岸边，爬上岸后，他问苏格拉底说："大、大师，你到底想干什么？"

苏格拉底上岸后对他说："年轻人，如果你真想向我学真知的话，你就必须要有强烈的求知欲望，要像你刚才求生欲望那么强烈！"

一个人的企图心如果能达到求生欲望这么强烈的程度，怎能不成功？强烈的企图心就是对成功的强烈欲望，有了强烈的企图心，我们才会有足够的决心。

我常说，如果一个人没有强烈的企图心，最好不要创业。为什么？因为在创业期间，作为团队的领导者，精神压力是非常大的，有时候一个月收到100个消息，其中97个是坏消息，只有3个可能是好消息，也可能是坏消息。如果没有强烈的企图心作为支撑，很多人就会被困难吓倒，对自己失去信心，创业最终就会半途而废。即使勉强创业成功了，也无法将企业做到一定的规模，只是能维持下去解决温饱，没有很好的发展前途。

所以，要想成功，首先就要拿出你的企图心来。你是不是有破釜沉舟的决心？你是不是具备"不能完成目标就去死"的决心？你有"一定要"的企图心，就"一定能"找到方法。只有具备强烈的企图心才能成功，同时潜能也才能被激发。

朱元璋为什么能从乞丐、和尚到一步步成为天子？正是因为他有强烈的企图心。由此可见，你只要有必胜的信念，自然就会激发自己的斗志，成功也就很容易了。拥有强烈的企图心是创造奇迹的第一步，所有成功都要具备三个条件，任何一个领域都是一样的。第一个条件是拥有强烈的企图心；第二个条件是拥有强烈的企图心；第三个条件仍旧是拥有强烈的企图心！有一句话说得好："眼睛所看着的地方，就是你会到达的地方。"一个人能走多远，取决于他能想多远；一个人成功的程度，取决于他对成功的企图心有多大。

而我的企图心带领我走到了哪里？经过11年的努力打拼，2018年，我实现了自己的梦想，有幸被评选为"中国经济十大影响力人物"。

第二，梦想必须足够远大，否则就不叫梦想。

在强烈的企图心的激发下，很多人会像我一样树立梦想。但是，我要提醒的一点是，梦想必须足够远大，否则就不叫梦想。

无论是经营我们的人生还是企业，是否拥有"远大的梦想"决定了我们未来所能够取得的成就。只有通过描绘梦想，才能给人们以希望，从而产生热切地迎接明天的动力。

所以，我们可以想象一下，一个人有远大的梦想，是一件多么伟大的事情。而另外一些人，连想都不敢想，他们距离成功永远有千里之遥。

在我看来，这个世界上有三种商人。第一种是普通商人，什么是普通商人？就是能看到眼前的生意，只盘算着明天能赚到多少钱。第二种是精英商人，这群人不但着眼于眼下，能看到企业明天的经营，还能看到企业后天、大后天的发展，他们会去想生意怎么经营会更加成功。最后一种商人，我们不再称之为商人，我们称他们为企业家，因为他们是站在现代放眼未来的一群人，他们是不断追逐梦想、努力改变世界的一类人。稻盛和夫是这样的人，鲁冠球也是这样的人。

在中国老一辈企业家中，鲁冠球堪称教父级人物。2017年10月25日，这位著名的企业家在杭州逝世，享年72岁。在数十年间，鲁冠球领导下的万向集团，从一个小小的乡镇企业成长为大型跨国企业，这种成长速度是中国经济过去几十年发展壮大过程的一个缩影。鲁冠球用自己一生的经历对企业家做了一个定义，即企业家是"追求实现梦想"的人。

万向集团企业名字是"万向"，在后期也朝着多元化方向发展，但其发展的主线则始终是汽车，鲁冠球的梦始终是"造车梦"。

在鲁冠球身上，我们可以看到企业家与商人的不同：商人一味逐利，而企业家更看重"逐梦"；企业家虽然也追求利润，但那是在追求梦想的前提下实现盈利。从这个意义上说，鲁冠球追逐汽车梦，和乔布斯追逐手机梦是一样的。这种对梦想的执着追求，才是企业家的特质。

"伟大梦想激发伟大创造"，鲁冠球的创业精神不仅在企业初创时就充分体现出来，在企业发展的每个阶段，都有近乎极致的展示——一系列的海外并购，在新能源汽车上的大规模投资等。

创业的执着，激发了他对市场利润与机会的敏感，使他具有超前的商业眼光，早在1999年，万向集团就开始研发电动汽车，一步步稳扎稳打，从汽车零部件到新能源汽车整车，在这个过程中实现了产业的转型升级。

鲁冠球这位执着于自己梦想的企业家，用自己的经历对"中国梦"做了最好的诠释。

人和动物最大的区别，就在于人有梦想，而动物没有。我们因梦想而伟大，所有的成功者都是大梦想家。你的梦想决定了你的眼界，没有梦想的人到不了成功的彼岸，也就因此而看不到成功的辉煌。没有梦想的人生是失败的，因为他们根本看不到生命的意义。

《庄子》开篇的文章是"小大之辩"，说的是北方有一个大海，海中有一条叫作鲲的大鱼，宽几千里，没有人知道它有多长。鲲化成鸟后叫作鹏，它的背像泰山，翅膀像天边的云，飞起来时，可以乘风直上九万里的高空，鹏努力想飞往南海。蝉和斑鸠讥笑说："我们愿意飞的时候就飞，碰到松树、檀树就停在上边；有时力气不够，飞不到树上，就落在地上，何必要高飞九万里，又何必飞到那遥远的南海呢？"

那些心中有着远大理想的人常常不能为常人所理解，就像目光短浅的蝉和斑鸠无法理解大鹏鸟的鸿鹄之志，更无法想象大鹏鸟依靠什么飞往遥远的南海一样。因而像大鹏鸟这样的人必定要比常人忍受更多的艰难曲折，忍受更多的寂寞与孤独；因面他们必须要坚强，并把这种坚强转移到他的远大志向中去，铸成坚强的信念。这些信念熔铸而成的理想将带给像大鹏鸟一样的人一颗伟大的心灵，而成功者正是脱胎于这些伟大的心灵。

第三，今天是什么不重要，重要的是未来是什么。

随着企业规模的扩大，员工数量也不断增多，团队的每个人在性格、文化水平、背景、生活环境、思维习惯等方面都难免会存在这样那样的差异，把他们凝聚在一起就成为一件十分困难的事情。这个时候，你要适时地为你的团队树立一个共同愿景，用这个共同愿景把员工们汇聚到一起，让他们为企业而并肩作战。

为什么要建立愿景？因为愿景为未来描绘出蓝图。你今天是什么不重要，重要的是你未来是什么，而且最重要的是你已经知道你未来是什么。

松下幸之助曾经面对公司的168位主管阐述了一名领导者的"宣言"："我的使命不应该只是为了松下，而是战胜贫穷，实现民众富有。怎么办？那就是大量创造民众所需的产品，为民众创造更多的财富。什么时候我们的产品像自来水一样成为人们时刻离不开的重要产品，做到既方便又便宜地满足民众需要，贫穷就会消失。这个设想，需要许多时间，可能要2-3个世纪，但永远不要放弃这个看法。从今天起，这个遥不可及的梦想、神圣的呼唤，将成为我们的理想和使命，让我们分享为追求这个使命带来的乐趣和责任吧！为后代人幸福努力奋斗！"这个"宣言"，使所有松下员工无不动容。从此，松下成为第一家建立以创造价值为指导方针的大企业。

福特汽车的创造者亨利·福特的指导原则是："我要制造一辆适合大众的汽车，价格低廉，谁都买得起。"当福特提出这样一个愿景——为每个人提供一辆买得起的汽车时，当时没有一个人相信他。而今天，这愿景早已成为现实。

曾经有记者问张瑞敏："海尔的最终目标是什么？"张瑞敏回答说："成为一个真正的世界品牌，不管走到全世界任何地方，大家都知道海尔是一个非常好的、我喜欢的品牌。"基于这种企业愿景，海尔始终以创造用户价值为目标，一路创业创新，现在已经发展为全球白色家电龙头品牌。

纵生销售集团的愿景是"成为世界上最伟大的销售集团！"如今，纵生销售集团已经遍布全国各个省市，分支机构上百家，运用"互联网+"的模式将保险、旅游、互联网、房地产、投资管理公司、餐饮连锁、培训、美容护肤等多个产业完美整合，真正实现了互联网+的顶尖商业思维，为客户提供源源不断的服务，同时为几万名销售人员提供创业的平台。

然而，很多领导者却不以为然，甚至还会产生质疑："对于一个企业来说，真的一定要建立愿景吗？愿景的作用究竟有多大？"他们的言下之意是："虽然我的企业没有什么愿景，可是经营得依然不错。"

这个问题应该由领导者自己来回答，你可以先问一问你自己以下四个问题：

你的企业有目标吗？

你的员工们清楚企业的目标是什么吗？

他们是否明白对你的企业来说什么是最重要的、是首先要实现的？

在他们看来，企业的优势是什么？

如果你所给出的答案是肯定的，那么，其实你的企业中已经建立了一定的愿景，只是你还没有明确地意识到而已。如果你的回答是否定的，那么，你从现在开始就要对你的企业多加小心，因为它已经走在危险的边缘，随时都有可能会面临不可预测的风险。

愿景将会告诉企业里的每一个员工：企业为什么会存在于这个市场上，存在的价值是什么，你在为何而努力。当领导者为员工们描绘了一个美丽的愿景以后，他们就会朝着同样的目标而前进，这个愿景还会给予他们克服挫折与磨难的力量，让他们在任何紧要关头都愿意为企业而坚持，决不放弃。

与此同时，当员工们在工作中遇到难题的时候，愿景还会引导他们，让他们知道什么应该做，什么不应该做。与企业愿景不相符的或者是无关的事情将会被他们果断地清理出自己的工作表。

为公司和团队制定愿景是领导者应该承担的最重要的任务之一。设立愿景也就是描绘团队未来的发展方向，俗称"画大饼"。"大饼"画得好不好直接决定员工对于公司未来的方向是否清晰，是否有足够的动力为之努力。一个画得好的"大饼"不但能让客户、投资者和合作伙伴对企业有更为清晰的认识，还能激发员工形成强烈的凝聚力和向心力。

不过，要注意的是，愿景应该经过努力可以实现的，而不是画饼充饥。如果你为员工勾画的愿景太过缥缈，根本没有达成的可能，那么，自然无法激发员工的动力和激情。所以，不要空中楼阁，不要画饼充饥，要有理有据，让员工们在期待中一步步实现它。

1994年，强生医疗器材有限公司进入了中国市场，然而，在前三年里，强生的发展并不好，一直处于亏损状态，到1996年，整体亏损已经达到了5亿元。领导者几乎每三个月就换一次，搞得员工们人心惶惶。

1996年底，李炳容就任董事长。在这一年的销售大会上，李炳容声情并茂地把他的构想传达给了员工。他关了灯，请大家闭上眼睛，想象一个场景："现在是2006年1月1日。我们宣布我们做了13亿元的生意，我们已经成为强生医疗在亚太地区最受敬仰的公司。"之后，李炳容告诉员工，到2005年，强生医疗将会拥有六家独立的子公司。

当时，很多人对李炳容的所谓的"愿景"不屑一顾，认为这是痴人说梦，然而，在接下来的时间里，李炳容用充足的论据坚定了大家的信心。他强调，医疗器械在中国有着广阔的市场，整体的增长速度每年应该在50%左右。按照这个速度，2005年销售额达到11亿元人民币并非难事，剩下的缺口可以通过技术创新、新产品推广进行弥补。有力的论据点燃了员工的激情与动力。在之后的十余年中，强生步入了发展的快车道。2004年底，强生医疗的销售额已经达到了14亿元人民币。而这些与李炳容的愿景激励显然有着密不可分的关系。

《孙子兵法》有云："道者，令民于上同意也，故可以与之生，可以与之死，而不畏危也。"如果一个团队中所有人都能做到上下同欲，为了同一个目标而奋斗，员工就"有梦不觉人生寒"，自动自发地把团队目标内化为自己的行动。一支对未来充满向往，对愿景充满渴望的团队，必然会迸发出最大的战斗力。

第四，常抬头看看目标，梦想才能坚持。

一个人如果没有人生目标，就不会努力，不会有奋斗的动力，因为他不知道为什么要努力；一个团队如果没有明确的目标，就不可能将其能量尽情释放，更不可能创造巨大的价值。

没有目标，我们几乎会同时失去机遇、运气和别人的支持，因为我们不知道自己到底想要什么，所以也就不知道自己的价值在哪里，对生活失去热情，也就没有了奋斗的动力。对即将到来的机会，我们没有做好准备。有了目标，奋斗就有了动力，行动就有了决心，对未来就有了信心，生命就有了方向。

一个积极的目标，是团队的奋斗方向。在这个目标的指引下，每个人都会积极地发挥自己的主观能动性，在自己的人生历程写下光辉的一页。为了实现理想，实现目标，我们要一步一步、一天一天拼命、认真、踏实地积累，变梦想为现实，成就心中理想。

常说机会总是偏爱那些做好准备的人，时常思考自己的目标，随时为机会的光顾做好准备。有很多人看见苹果从树上掉下来，也有很多人被苹果砸了脑袋，但从中发现万有引力定律的只有牛顿一人，那是因为牛顿在潜意识里渗透着强烈的问题意识，在苹果砸下来的那一刻，牛顿就已经"做好了准备"。

意念并不一定马上就表现为结果，因此人们也许难以理解，但是，如果用20年、30年或更长时间来看的话，大多数人的一生就是他们自己曾经在意念中描绘过的。无论我们年纪多大，都希望自己是拥有梦想、前途一片光明的人。没有梦想的人就不可能有创造性，更不可能有理想的实现，无法获得成功，也不可能成长为有用的人。为什么呢？因为通过描绘梦想、锐意创新、不断努力，人格才能够得到不断的磨炼。

约翰·戈达德的故事就说明了这一点。

在美国的一个小乡村里，生活着一个普通的男孩。一有时间，这个男孩就会拿出祖父在他8岁生日的时候送给他的礼物——一幅世界地图。因为经常翻看，这幅地图已经卷了边，但男孩还是爱不释手。

他的眼睛一次次扫过那张地图，看到那些国家、城市的名字，他仿佛身临其境，亲眼看到了那些美丽的风景。他的思绪如同插上了一对翅膀，自由自在地翱翔在世界各地。地图看得多了，他的心中就有了一个渴望——希望到外面的世界去走走，看看世界究竟有多精彩。

15岁的时候，这个男孩在一张纸上写下了自己的愿望，他将其称之为"毕生的梦"。

要到亚马孙河、尼罗河、刚果河去探险；

要骑着骆驼、大象、野马和鸵鸟奔跑；

要读完柏拉图、莎士比亚和亚里士多德的著作；

要谱一部乐曲；

要写一本书；

要有一项发明并申请专利；

要给非洲的孩子筹集100万捐款；

……

他在纸上尽情地书写着自己的愿望，不一会儿，竟然列出了100多项。先不说怎么实现它们，就是光看一眼，都会觉得望而生畏。他的朋友们甚至他的父母在看到了他所列出的这些宏伟目标之后，第一反应都是哈哈大笑，几乎所有人都觉得，这不过是一个孩子的单纯愿望罢了，随着时间的推移，这些愿望很快就会被他忘在脑后。

但是，男孩却不是这样想的。那些远大的目标就像是远处的灯光一样，一直闪烁在他的心头。无数次，他幻想自己正在亚马孙河上激情澎湃地漂流着，他幻想着自己骑着骆驼走在广袤的沙漠中，他幻想自己正站在乞力马扎罗山的顶峰吹着风……他的心已经完全被自己"毕生的梦"所牵引，从此他开始了把这些愿望转化为现实的艰辛旅程。

从少年到中年，他一路豪情满怀，一路艰苦跋涉，历尽了无数辛苦与磨难，终于把那一个个被别人视为空想的愿望变成了现实，他也一次次品尝到了梦想实现的愉悦与骄傲。44年后，他终于实现了自己在15岁那年所列下的127个目标。这个人就是美国著名探险家——约翰·戈达德。

我们应该将目标升华，拥有真正的梦想，并以此作为前进的方向，胸中时刻有燃烧的愿望和激情，随时随地"极认真"地面对工作中的每一件事情。

而且，经营企业就像跑马拉松一样，作为领导者，当你有了远大的理想和抱负之后，每跑几百米就要抬头看看自己最终的目标，这样才能坚持下去。面对员工，也要把这种精神灌输给他们，让他们充分认识到目标的重要性，并且最终让员工将这种认知融入血液，成为一种习惯，如此，他们才可以忠于企业并且创造最大的价值。

第五，格局有多大，事业就有多大。

古人说："古往今来曰宇，四面八方曰宙。"格局，就是一个人胸中之宇宙。人之格局，从本质上来说，就是人对自我世界的创造和规划，是世界观的一种体现。

蒙牛的创始人牛根生是一位有大格局的企业家。1999年2月，蒙牛刚刚成立不久，还没打开销路。牛根生给了负责营销策划的孙先红100万元广告费，让他在最短的时间把"蒙牛"的知名度打出去，并且叮嘱他"对谁也不要说"。孙先红很好奇：为什么不能说？牛根生回答："公司现在的总资金只有300万元，拿出100万元做广告，我怕大家知道了以后无法接受。我就要达到一个效果——一夜之间，让全呼和浩特的人都知道'蒙牛'。"

牛根生的大格局不止体现在"花钱"上，还体现在"分钱"上，他曾经说过："这世界上挣了钱的有两种人，一种是'精明人'，一种是'聪明人'。精明人竭泽而渔，企业第一次挣了100万元，80%归自己，然后他的手下受到沉重打击，结果第二次挣回来的就只有80万元。聪明人放水养鱼，他第一次挣了100万元，分出80%给手下人，结果，大家一起努力，第二次挣回来就是1000万元。即使他这次把90%分给大家，自己拿到的也足有100万元。等到第三次的时候，大家打下的江山可能就是1亿元，再往后就是10亿元。这就叫多赢。独赢会使所有的人越赢越少，多赢会使所有的人越赢越多。"

这就不难想象：同样是经营一个团队，为什么一些人会引领自己的团队不断创造辉煌，一些人却把团队搞得分崩离析、人心涣散？

曾国藩说："谋大事者，首重格局。"人生如棋局，能识局者生，善破局者存，掌全局者赢，领导一个团队也是如此。团队领导是引领团队不断发展的关键人物，其格局能够聚焦成一种具有强烈进取性的市场穿透力，从而形成能对市场做出迅速反应的适应力，也可以产生能抵御市场竞争风险的承受力。一个有大格局的团队领导，能规划团队运营的大局，能让团队拥有独特的个性，笑傲市场。

格局决定结局，态度决定高度。一个人的格局有多大，事业就会有多大，无论在哪一行业中，皆是如此。我做事业的时候，首先考虑的是大局，正因为如此，我才能看清全局，才能带领我们的团队一路领先，成为保险代理行业的佼佼者。

一个领导者，要想叱咤风云、如鱼得水，就要提升自己的格局，正如诸葛亮所说的"志当存高远"，只有树立大的志向，个人的潜能才能得到最大限度地发挥，人生的格局才能不断扩大。其实，大多数人与柳传志、任正非、李嘉诚等大企业家之间并不存在很大差别，我们的区别不过是在意识的境界上、在思维的层次上、在眼光的长短上。绝大多数人都只是在仰望金字塔尖上的那些巨头大鳄，但却没有他们的格局、卓识和非凡的判断力。所以，绝大多数的人都只是在临渊羡鱼，却没有退而结网，反倒是自己被自己紧紧地束缚住了，被困在自己的小境界里徘徊和犹豫。苟活于山脚，胸无大志乃至于有心无力的企业和商人，眼里只可能看到低矮的灌木和伏地的杂草；而峥嵘于山巅、纵横捭阖的企业和企业家，才能指点江山，俯瞰天下，一览众山小。

很多企业家经营不善、留不住员工，本质上还是因为自己的格局不够大。对于企业家来说，最大的问题不是资金、不是市场、不是规模，而是经营者的心智和思维方式。人皆可以成尧舜，企业家不应该是一个唯利是图的商人，更应该是一个传播正确价值观的领袖，只有这样，这个社会才能有所进步。

在如今这个多变的时代，整个世界都在发生巨大的变革——发展模式的变革、颠覆式科技的变革、新社会契约与新政商关系的形成、全球治理重构、中国的和平崛起、英国脱欧及难民潮问题等地缘政治的变革，中美在全球贸易投资体系的博弈，包括政治、社会、文化等方方面面，都在发生着剧变。

作为一个有大格局的团队领导，不仅要看得远，还要看得深，要把握国家乃至世界的变化规律。置身其中，我们也不得不面临来自四面八方的挑战，能否把握世界发展趋势，能否紧跟时代潮流，关系到一个企业的生死存亡与未来发展。

因此，要做大事业，我们首先需要提升自己的高度和境界。如果说过去40年，中国的改革开放主要是为了我们国家的经济发展，解决我们国家的问题；那么未来40年，我们将继续改革开放，更是因为对世界的大国担当，决定了未来中国将深度拥抱世界，在世界经济中发挥更加重要的作用。随着中国构建开放型经济新体制、推进新一轮高水平对外开放和"一带一路"发展战略的实施，中国企业将会迎来新的历史机遇，只有那些具备大格局的领导者，才能把握机会，带领企业迈上新台阶。

感悟箴言

我刚刚进入保险代理业的时候，这个行业才刚刚在中国兴起，大家对其并不了解。在当时的中国，大概4000人当中才有一个人在从事保险业。

但在我看来，这正说明中国保险业存在着巨大的发展空间。任何一个行业的发展，一般会经历萌芽期、成长期、辉煌期和沉睡期几个阶段。选择这样一个处在萌芽期的行业，才能创造更多的辉煌。因为在这一阶段进入一个行业，就像农民在春天播种，虽然播种了不一定会有收成，但如果这颗种子不种下去，则一定不会有收获。对农民来说，春天的播种、耕地都是很辛苦的，但只有这样，才会有秋天收获的喜悦。对于处于萌芽期的保险代理业也是如此，虽然过程很艰难，也可能会遭遇挫折，也可能会有付出与收获成正比的时候，而且失败可能就在一瞬间，只要稍一松懈，可能就满盘皆输了。但如果因此就放弃机会，目光实在是太短浅了。

所以，我奋不顾身地投身到了这个刚刚萌发的新行业中，并为之付出了巨大的努力。每逢节假日，大家都休息的时候，我却带领着我的员工在学习和培训。当假期结束了，别人刚开始工作的时候，我们已经虎虎生威地"下山"了。那时，我总会对员工们说："我们不仅仅要做第一，还要做第二名永远都追不上的第一。"

后来，当我们团队的成绩真的无人能匹敌之后，有很多同行业的朋友会来找我取经，我总是毫不保留地把我的经营经验分享给大家。很多人劝我不要这样做，但我从来不担心竞争对手会超越我们，因为只有更多的企业成长起来，我们这个行业才会壮大，我只在乎我的竞争对手是否真正懂得和了解这个行业。

炽热的学习之心

> **海旭说**
> 学习就是生命力的源泉,未来的一流企业,一定是学习型企业。

在讲课的时候,我经常对学员们说一句话:学习改变命运。我们大多数人,并没有与生俱来的"好命",也没有强大的背景、资源。就像我本人也是如此,我的父母都是普普通通的老百姓。所以我们的人生不可能一帆风顺,必然会经历很多磨难。我们想改变命运,必须依靠自己后天的努力,依靠不断的学习。但在中国千千万万像我一样的人为什么没有得到自己想要的结果呢?根本原因在于后天的学习力减退。

第一,改变,从学习开始。

实际上,我小时候是一个不太好学的人,上学时非常淘气,不好好学习;初中毕业后,我甚至还冲动地选择了辍学。但在社会上摸爬滚打了三个月后,我又重新回到了学校,继续我的学业。因为这短短的三个月让我发现,学习太重要了。一个人如果不学习,他的人生将会非常凄凉!

从那之后，我发愤图强，把以前落下的功课全都补了回来。即使在离开学校之后，我依然保持着学习的习惯，到现在，我每天都坚持学习，一刻都不敢懈怠。虽然我现在很忙，但我会尽可能地挤出时间来学习，参加全中国各种高手的培训，为了学习，花再多的钱和时间，我也觉得是值得的。

在我看来，每个人都有独特的优点，可能他十句话中有八句都是废话，但就那么一两句，对我产生了启发，对我的人生有所帮助，学习就是有意义的。所以，如果让我给学习下一个定义，学习就是让我们每个人在自身经验积累的基础上，吸取别人丰富的人生经验，然后对其进行总结，然后在生活中实践，创造出属于自己的模式，传播给更多的人，让更多的人在知识的熏陶下受益。

如今我们正处在一个信息经济时代，知识的更新速度越来越快。18世纪，知识更新的周期为八九十年。19世纪，这个周期缩短为三四十年。到了20世纪，知识更新的速度如同坐上了火箭，开始不断加速。20世纪70年代以前，知识需要经过15到20年的时间进行更新，之后每5年到10年人类的知识就会翻一番。而到了20世纪90年代以后，人们几乎三五年就要更新一下自己的"知识库"，不然就会被抛到时代潮流之后。

而现在，到了互联网时代，随着互联网的发展和媒介传播速度的提升，知识更新几乎每天都在发生，如果不及时学习，很快就会过时。十几年前，我们买东西都要去商店，但现在80%的中国人都是通过网络来买东西的。以前，我们想吃现成的必须去饭店，但现在，即使一个月不出门，我们也可以在家里吃到各家饭店的菜，美团、饿了么……这些外卖网站随时都能给我们送餐。不学习，怎么能跟上时代的发展？

所以，每个人都要学习。作为一名团队领导，更需要不断地学习。一个团队领导要能够带领他的团队不断提升，才能够让企业得到稳定的发展和壮大，为此，他们需要具备各种各样的能力，比如经营管理能力、决策能力、创新能力、识人用人能力、应变能力、社交能力、表达能力等。但归根结底，最为关键的其实是他们的学习能力。

领导者在企业中扮演着非常重要的角色，作为企业的中坚力量，其所负的责任不仅需要先天的禀赋，更需要后天系统的学习与训练。学习并掌握科学的原理和方法，对企业长远的经营与发展有着深远的影响。

名震天下的华人首富李嘉诚曾这样形容过自己"人家求学，我是在抢学问。"他认为，善于"抢学问"，就是在抢财富，抢未来。这反映了他几十年来坚持不懈地追求知识、创造财富的过程。

李嘉诚因生活所迫，14岁就辍学当学徒打工，每天都很辛苦。回到家后，他还要就着油灯苦读到深夜。由于学习太用心，他经常会忘记时间，以至于想到要睡觉的时候，已到了上班的时间。

李嘉诚在香港生活，要融入这个国际化的大都市，必须要解决粤语和英语这两个语言关的问题。李嘉诚把学粤语当作一件大事来对待。他拜表妹表弟为师，勤学不辍，苦练不止，很快就能说粤语。他学英语，也几乎到了走火入魔的地步。在上学、放学的路上，他边走边背单词。夜深人静，他怕影响家人的休息，独自跑到屋外的路灯下读英语。天刚亮，他又一骨碌爬起来，口中念念有词，不是在朗读就是在背诵英文。功夫不负苦心人，李嘉诚凭着刻苦学习的毅力，几年后熟练地掌握了英语。就是到晚年，年逾古稀的李嘉诚在接受采访时还说："我每天晚上都要看英文电视，温习英语。"

如今成为"塑胶花大王""地产大亨""股市大腕""商界超人"的李嘉诚，几乎时时占得先机，创造了巨额的财富。他的成功得益于不断地学习，他的成长也促成了他事业的发展，他是用个人成长促进企业成长的典型。

一个企业的成功，需要经过一段艰苦奋斗的过程，一个领导者的成功，更是没有捷径可走。而学习，则是必由之路。通过学习，集群英之智，联百业之慧。通过学习，回首往昔，以史为鉴，俯瞰当下醒脑明目，展望未来，精心准备。当人生所学投入实战当中，百炼成钢，必将跻身"育厚德而载万物"的登峰造极之境界。那境界，不仅是企业的境界，也是人生的境界。我相信，改变，从学习开始。

第二，每天进步一点点，累积起来就是一大步。

如今，我们置身于互联网时代，科技的进步改变了传统的学习方式。今天，学习不一定非得身临其境，我们可以通过各种各样的方式来进行学习。比如，有些企业家在听我讲课后，感觉大有裨益，于是，课程结束后，他们买了我的很多书和培训光盘，回去之后继续学习，有的人还会送给员工，让员工也来学习。我开通快手直播后，很多人不但自己主动关注我的快手，还把我的账号分享给自己的亲朋好

友，让大家都来学习。这些丰富多样的学习方式，都是互联网的发展带给我们的便利。

所以，现在学习已经变成一件随时随地都可以进行的事情。我们每天不需要花费太多的时间，哪怕只抽出20分钟来进行学习，都能得到精进。一年后，你会发现，你已经远远超越了那些不学习的人。

每天进步一点点，累积起来就是一大步。

当你比别人领先一步的时候，他就会在所有的朋友中记住你，因为你比他优秀。

当你比别人领先两步的时候，他就会开始羡慕你、钦佩你。

当你比别人领先三步的时候，你仍然坚持学习，他就有可能追随你。

不断地学习、不断地努力，使我们渐渐超越了那些一开始与我们同行的人。而那些不懂得学习的人，被我们越拉越远，最终选择自动跟随。

很多成功的企业家都是如此。

海尔集团的领导者张瑞敏有一个外号——"书呆子"，他喜欢读《论语》《道德经》《孙子兵法》，最大的爱好是哲学。他是既懂外国的经营管理，又懂中国的《孙子兵法》的企业家。作为海尔的领头人，张瑞敏不抽烟、不喝酒、也不喜欢应酬，唯一的爱好是读书和与专家恳谈。有人曾经问张瑞敏成功的秘诀是什么？张瑞敏回答："是学习和读书。"

张瑞敏对读书的爱好和钻研不但带动了海尔中高层干部的读书活动，连普通的员工也都以读书为乐。也有人曾怀疑张瑞敏是否在"作秀"，作为一个拥有几万员工的企业的掌门人，他用什么时间学习？但事实上，张瑞敏再忙，也要坚持天天读书，他要保持一个活泼的大脑，使得智慧的大脑永远灵动、鲜活。在知识和智慧的指引下，张瑞敏经过多年创新与实践的经验积累，使海尔集团由一家资不抵债、濒临倒闭的集体小厂一跃成为全球家电第一品牌。

被称为"商界少帅"、先后创办永怡传播和分众传媒的江南春，也是个不断学习的企业家。江南春始终坚持学习，尤其学习与自己从业相关的知识。在永怡传播时，他每周六都把上海的几大报纸买来，看到好的广告文案就剪下来贴在本子上，仔细揣摩，融会贯通，从中提炼出自己的创意。每天晚上回到家，不管有多晚，他都坚持看一个小时的专业图书和杂志来补充"养分"。

江南春还有随身携带笔记本的习惯，在参加长江商学院CEO班期间，他把马云、郭广昌、牛根生的发言认真记录下来，自我消化理解，将这些理论演变成"江氏理论"，并与团队其他人分享。这种随时随地的"吸星大法"，保证了知识的积累和更新，使他对"市场香味"有着敏锐的嗅觉。

江南春通过不断地学习成长起来了，分众传媒也因此有了迅速的发展，短短几年便登陆纳斯达克，成为上市公司。

人与人之间大脑的差别不是决定成功与否的关键因素，在不断地学习中积累、创新，才是拉开人与人之间差距的关键点。人生就

像是一只储蓄罐，你投入的每一分努力，都会在未来的某一天，打包还给你。到时候你会发现，学习是通向世界的路，更是遨游天际的翅膀。

第三，向有结果的人学习。

我们要不断地提高自己、不断地学习，于是，接下来有一个问题摆在我们面前：我们应该向谁学习？

我认为，我们首先应该向有结果的人学习。有些人非常能讲，讲的很有道理，但是却没有结果，这样的人我们也可以学习，但是学习之后却不一定能用得上。比如，很多人听完大师讲课，佩服得五体投地，听完之后却没有任何帮助，因为他们是没有结果的人。当我们想要做成一件事时，最快的捷径就是向有结果的人学习。

很多人在学习方面有一个很大的误区，就是习惯去研究"失败"，因为他们认为"失败是成功之母"。的确，从失败的经验与教训中我们可以学到很多东西，但成功却不一定源于失败。我们常说，条条大路通罗马，但是总是研究走不到罗马的路，就算是研究了100条，也还是走不到罗马。所以，从失败中学习的人可以知道哪100条路是走不到罗马去的，却不知道哪条路是能走到罗马的，这样的学习，又有什么意义？

聪明的人是研究怎样才能走到罗马的，别人走的是哪一条路？花时间向那些有结果的人学习，看他们是怎样做到的，然后把他的经验复制过来，这才是正确的学习方式，是聪明高效的领导者的做法。

成功学励志专家拿破仑·希尔是非常值得我们学习的典范。

他最初在杂志社工作，老板安排他采访各界成功人士，撰写他们的成功故事。25岁那年，他采访"钢铁大王"安德鲁·卡内基。采访进行得非常顺利，卡内基侃侃而谈。突然，卡内基问他，是否愿意接受一份没有报酬的工作：用20年的时间来研究世界上的成功人士，但是没有报酬。他微微愣了一下，很快他响亮有力地选择了挑战，"我愿意！"卡内基满意地抬手露出握在手中的表："如果你的回答在60秒之外，将得不到这次机会，我已经考察过近200个年轻人，但没有一个能这么快做出回答，你得到了这份工作！"

第二天，卡内基带他采访了爱迪生。之后，希尔又认识了福特、洛克菲勒等著名人物，结识了各界500位卓越人物。这些成功人士的见解成了拿破仑·希尔一生的资本。他研究和思考他们的成功，向成功者学习，结果他自己就成了成功的化身。

拿破仑·希尔把他的成功学思想、他的激情、他的声音注入每个美国人的心灵深处，唤醒美国人民沉睡已久的信心与活力。他激励人们通过纠正意识、性格和生活习惯上的缺点，获得人生的成功。

站在巨人的肩上，我们才能够看得更远。向有结果的人学习成功的技能，比从外行的父母那里去学要好得多。你想把自己的生意做大，应该去向华为、阿里巴巴、微软这样的把生意做到全世界去的企业学习；你想创业，应该看看马克·扎克伯格、马云这样的创业成功的人都做了什么；你想年薪百万，应该去研究那些年薪百万的人有哪些秘诀。

成功从来都是有路可循的，只要用心去观察、去体悟，就能从那些有结果的人身上，学到他们的方法和理论。

股神沃伦·巴菲特的成功，除了他本身具有出众的投资天赋之外，还有一个不可忽视的原因就是他很早就结识了两位在投资方面取得了巨大成就的人，从他们身上学到了很多东西。

沃伦·巴菲特最早在宾夕法尼亚大学攻读财务和商业管理，在得知两位著名的证券分析师——本杰明·格雷厄姆和戴维·多德任教于哥伦比亚商学院之后，他就做出了一个令人惊讶的决定：转学到哥伦比亚商学院，拜这两位证券分析师为师，后来，经过他的努力，他成了他们的得意门生。大学毕业后，沃伦·巴菲特为了继续跟随格雷厄姆学习投资，他甚至愿意不拿报酬，直到将老师的投资精髓学到手，他才出道开办自己的公司。

向有结果的人学习，我们才能获得最大的帮助。

首先，向有结果的人学习，可以肯定，他们的结果是经过实践检验的、行得通的、可操作的；其次，向有结果的人学习，就必然要直接或间接与有结果的人为伍，受他们的世界观、思维方法的影响而使自己变得更加积极上进。美国的一个机构调查后认为，一个人失败的原因，**90%**是因为这个人的周边亲友、同事、熟人都是一些失败和消极的人，正所谓"跟好人学好人，跟巫婆跳假神"。没有好的思想来引导激励，没有好的方法来指导成功，走下坡路是必然的。

任何一位有结果的人，之所以在某一方面高人一筹、出类拔萃，必定有其与众不同的方法。因此，向有结果的人学习成功的方法，直接进入他们的经验、原则之中，做有结果的人所做的事情，了解他们的思维模式，并运用到自己身上，不仅能使我们成功，而且能早日成功。

第四，带出好学生是最快的增长模式。

一个人要想富有成效地提升自己，有两个非常关键的要素，一是我们在上一节中讲述的跟谁学；二是怎么学。

怎么学才能让我们的学习发挥更大的价值？最重要的是要抱着一颗帮助别人的心去学。只有这样，你才会认真地去学。

很多人学习不是为了帮助别人，而是为了提高自己的技能，为了赚取更多的钱。出于私利去学习的人，在向他人传授知识的时候，往往会习惯于"留一手"。所谓的"留一手"，就是他们不愿意把所有的知识全部教给别人，怕"教会徒弟，饿死师傅"，怕自己没饭吃。这样的人，他的进步是有限的，也不可能带领团队走向成功。

我们在学习当中应该抱着一颗普度众生之心。当你怀着帮助团队的愿望去学习的时候，你学习的动力是最足的，学到的知识是最多的，成长速度也是最快的。

我教过的学员无数，在培训的过程中，我发现，有些学员总是学得非常慢。这是为什么？不是因为他们的天赋不如别人，也不是因为他们不够刻苦努力，而是因为他们学习之后，从来没有把我教他的课程和学习方法应用到实际当中。知识不用，就会作废。在我讲课的过程中，我经常鼓励我的学员们把从我这里学到的经验、知识传授给更多的人。因为只有这样，他们才能成长得更快，知识也才能得到传承。

我曾经看到过一个研究项目，人们被要求学习一篇文章。然后告诉其中一半人，他们会在学习之后考一个试；告诉另一半人，他们学会后要教给其他的人。那一半被要求教别人的参与者对文章理解得更加透彻。因为当你知道要去教别人时，你的大脑在整理信息时会更有逻辑。学习需要经过五个步骤：选择领域、获得知识、提炼总结、落地实践、分享他人。其中落地实践能让你掌握70%的知识，分享他人则会达到90%的效果。所以不要吝啬于与其他人分享的机会，因为这种情况下，进步最快的是你自己。

第五，培训是最大的福利。

作为领导者，我们不仅要自我学习，还要把学习作为一种福利，给予我们的员工，给予更多的人。

在今天这样一个知识经济时代，资本更多的表现形式是"知本"。在一个团队里，一个员工的"知本"积累从何而来呢？靠自我不间断的学习，更靠企业的持续培训。所以，在这样一个时代，学习才是最好的投资，培训则是最大的福利。海尔集团首席执行官张瑞敏就曾说过："没有培训的员工是负债，培训过的员工是资产。"

日本丰田公司是世界知名的优秀企业，这个企业有一个令无数企业家十分羡慕的特点，那就是拥有大批卓越的销售人员。正是这些销售人员在市场上的出色表现，才使得丰田公司的产品能够热销，在同质化的产品竞争中始终保持强劲的销售势头。这些销售人员是公司的"摇钱树"，他们不断创造着可观的利润，使企业能够保持着高速的发展，在白热化的市场竞争中始终独占鳌头。

你一定在想，丰田公司是通过什么手段吸引如此众多的优秀销售人才加入自己企业的？其实，大多数销售员在进入丰田公司之前，都没有表现出如此超群的才能。是丰田公司将他们训练成为出色的销售能手。那么，丰田公司是怎么做到这一点的？

首先，丰田公司始终坚持一个理念：销售人员是能够被训练出来的。销售人员在进入公司之后，并不能马上上岗。他们必须接受为期一年的培训。丰田公司投入了大量的人力、物力和财力来进行销售人员的训练。为此，他们还专门成立了一个独特的训练机构，为了配合训练的展开，还组织人员编写、开发适用于各个阶段的训练教材。员工从进入公司大门的第一天开始，销售人员就要开始无条件地接受这种训练。经过一年的销售技能培训之后，他们才能成为一个真正的销售人员。

丰田公司的训练过程是这样的：在最初的四个月里，由机械部门来对这些销售人员进行汽车基础知识方面的训练，让这些销售人员对汽车的基本构造进行深入而又彻底地了解，对丰田汽车的每个细节都了如指掌。在经过这个过程之后，他们才开始进入销售训练。销售训练为期两个月，在这两个月里，他们将会接受专家的特殊训练，迅速掌握销售的各种技能。接下来的六个月，这些销售人员就开始了实战演习，他们会被分配到丰田公司的各个分公司，由分公司里经验丰富的销售人员带领，进行真刀实枪的销售实践。

经过一年的训练之后，除了那些非常无能以及缺乏毅力的人以外，所有参与训练的销售人员都能变身成为出色的销售人才。

如果你把对员工的培训当成是一种投资，你就会发现，这其实是你最好的投资——它会使你的人力资源增值，使你的组织效率提高，使你的利润翻番增长，最重要的是，你不必冒任何风险。

惠普公司对于培训的重视在业界一直享有盛誉，公司甚至还被同行们称之为"IT界的黄埔军校"。在过去的20多年的时间里，惠普公司中国分部培养出了数不清的销售人才、技术人才以及领导者。虽然他们中的很多人现在已经不在惠普公司，但他们依然在社会的各个岗位上发挥着自己的才能。

惠普公司之所以如此注重对员工的教育培训，是因为他们对培训的独特认知。对惠普公司来说，对员工的培训虽然需要投入大量的资金、人力，但却并不是一种成本，而是一项收益很大的投资。

对于惠普公司来说，对员工的培训是企业必须承担的义务，是对员工表现出的负责态度，同时，也是赢得员工对企业的忠诚与信任的一种有效手段。对员工的培训越全面、越重视，员工就越愿意留在这个企业。毕竟，培训可以拓展员工的视野，提高他们的学习能力，培养他们在工作中必须具备的各项技能，是向员工"授之以渔"，这样的企业，谁不向往？当一个员工感到在这个企业能学到赚钱的本领的时候，他就会心甘情愿地留在企业，为企业服务，并且不断提升自己的素质和技能，而这反过来又会为企业创造更大的利润，正所谓一举多得。

其实，不只是惠普公司，很多世界知名的大企业都十分重视对员工的培训，他们把培训当成是一个"孵化器"，通过这种方式来提高员工的技能，使他们掌握最先进的技术和方法，从而创造出更大的利润，使得企业持续经营的能力和市场竞争力不断提高。

海尔对员工的培训十分重视，他们为员工提供的个性化培训是最值得称道的。

在海尔，有三种职业发展路径：一种是针对管理层的，一种是以专业人才对对象的，还有一种是为普通工人设计的。无论员工属于哪个层面，都有明确的发展方向。为了帮助员工更好地提高自己，海尔还为不同的员工提供不同的培训，也就是个性化培训。

个性化培训主要可以分为两种方式，第一种是"海豚式升迁"，这也是海尔培训最显著的一个特色。在浩渺的海洋里，海豚是智商很高的一种动物，它往海底潜得越深，跳出水面就会越高。海尔把员工都当成海豚，要求他们深入基层，在基层获得最实用的培训。当员工从基层一步步攀升上来的时候，他的能力、素质都会得到大幅度提高。

第二种方式是岗位轮换。无论是多么出色的员工，如果长久地在一个岗位上工作，就会使思维逐渐固化，知识结构也难以得到更新。因此，海尔要求员工经常轮换岗位，在岗位上得到培训，这样，员工的视野就会变得宽广，创新能力也会得到提高。

为了更好地使员工得到培训，海尔还专门成立了海尔大学，让员工在这里得到深造，更新自己的知识，不断提高自己的学习能力，在面对激烈的市场竞争的时候能表现得更出色、更优异。

在经济全球化浪潮的推动之下，世界变得越来越扁平，要想使你的团队在你死我活的市场竞争中保持旺盛的生命力，首先就要使你的员工拥有不断学习、不断提高的能力，让他们比你的竞争对手学习得更快、更好。正因为如此，培训已经成为管理的一个"撒手锏"，谁能够拥有这个利器，谁就能拥抱成功。

从员工自身来说，通过学习来提升自己的能力也已经引起了大多数人的重视。因为，员工要的是成长，只有培训才能提供给他们迅速成长的能力，使他们获得更大的成长空间，把握住更多的机会。

当然，与那些看得见、摸得着的福利相比，培训还具有很大的优势。

首先，从保值时间来说，钱、实物等福利形式都属于易消耗的物品，使用之后就失去了价值，更不可能反复多次使用。而培训这种福利却是终身保值的，通过培训所获得的知识是完全属于员工的，能够长时间储存于员工的知识库中，而且还可以举一反三，不断扩展。

其次，从增值能力来说，虽然对钱、实物加以有效利用之后也会得到相应的收益，比如，用钱来投资会得到一定的收益，物品在使用的过程中也有可能会创造出新的价值，但是，作为福利而言，它们的数量肯定是极其有限的，而且谁也不会去指望中秋节发放的一盒月饼能够有多大的增值能力。然而培训却不同，在这个过程中，员工所获得的能力能够为他们创造出巨大的财富，使他们终生获益。

最重要的是，员工通过培训所获得的能力和经验是属于自己的无形资产，始终伴随着自己的职业生涯，成为自己可以随时掌控、终身拥有的"金饭碗"。培训是我们能够给员工的最好礼物。

正如稻盛和夫所说："工作就是一种修行。有一种单纯而极其强烈的愿望支配着我，那就是拥有一个爱心的种子，为事业发展付出，为员工成长努力。"只要我们能够怀着这样一颗"种子"，就能够把员工都培训成人才，让他们发挥自己的才能，为企业的成长、发展而努力。

第六，成功的团队必是学习型团队。

"问渠哪得清如许，为有源头活水来。"对一个团队来说，学习就是生命力的源泉，未来的一流企业，一定是学习型企业。所以，领导者应该把打造学习型团队作为一项战略性目标，为此，领导者应该大力解放思想，实现观念创新，充分认识创建学习型团队对于企业未来发展的关键性作用，积极提升经营理念，切实加强人力资源的开发管理，加大继续教育的智力和财力投资。要建立一种持续学习的理念和机制，努力创造良好的学习环境，增强员工自我学习的意识和能力，使学习知识、追求发展和自我完善成为员工内在的自觉要求，在团队内部形成浓厚的团队学习氛围，并激励员工把学习能力转化为创造能力，从而实现员工与团队双赢的目标。

所谓学习型团队，就是以共同愿景为基础，以团队学习为主要特点，以人为本，以企业和个人的全面发展为中心，以增强企业的整体学习力、提高人的综合素质为目标所建构的学习求知的目标管理体系和所建立起的能够不断实现知识转化的团队。大量国内外学习型企业的实证明，未来，最成功的企业将是学习型企业。

创立于1987年的华为，历经30年的成长，从一家诞生于破旧厂房里无人知晓的小公司发展成世界级的大型公司，改写了中国乃至世界通信制造业的历史。截至2018年年底，华为公司掌握的技术专利数量已在行业内处于领先位置。这显然是组织学习与创新学习的结果。

在华为，"人力资本增值的目标优先于财务资本增值的目标"作为基本法则明确地写进了华为基本法。这也是华为培训人才的宗旨和目标。在华为的领导者任正非看来，人力资本不断增值的目标优先于财务资本增值的目标，但人力资本的增值靠的不是炒作，而是有组织的学习。为了把华为打造成一个学习型团队，任正非建立了一套完善的以华为大学为主体的华为培训体系，集一流教师队伍、一流教学设备和优美培训环境于一体，拥有千余名专、兼职教师和能同时容纳3000名学员的培训基地。

华为还是国内企业中最早实施"导师制"的企业。华为规定，绩效好，并充分认可华为文化的人才有资格担任导师。同时规定，导师最多只能带两名新员工，目的是为了确保成效。导师除了对新员工进行工作上指导、岗位知识传授外，还要给予新员工生活上的全方位指导和帮助，包括帮助解决外地员工的吃住安排，甚至化解情感方面的问题等。

除此之外，华为的培训对象非常广泛，不但包括华为的内部员工，还包括客户方的技术维护、安装等人员；不仅在国内进行，也在海外基地开展。同时还建立了网络培训学院，培养后备军。

正是学习型团队的构建，使华为公司成长为有竞争实力的世界级公司。由此可见，构建学习型团队是多么重要。

将团队打造成学习型团队，可以通过改变思想，实现观念更新。学习型团队理论中有一个"青蛙现象"：如果把一只青蛙放进沸水里面，它会马上挣扎着跳出来。但是如果把一只青蛙放进凉水里，逐渐加热，一开始，它会若无其事，甚至自得其乐，感觉良好。不过，等到温度慢慢升高时，它就会越来越虚弱，最后无法动弹而被煮熟。"青蛙现象"揭示的道理是，突发事件容易引起人们的高度警觉和立即行动，然而，置人于死地的却通常是在自我感觉良好的情况下，没有敏锐地感觉到环境的逐渐恶化，没有及时做出适当的反应。创建学习型团队，通过改变思想，更新观念，员工能够深刻反思自我、否定自我、挑战自我；能够居安思危、自我加压，克服自我局限和常规局限，由反应型、常规型工作向创新型、系统型工作转变，主动向极限挑战，在挑战的过程中体验成功的喜悦和生命的价值。

在一个学习型团队中，通过团队学习，还可以建立共同愿景，完善管理制度。团队学习能提高团队的凝聚力，从而有利于建立共同愿景，激励全体员工共同努力、勇于改革、敢于创新，建立完善各项管理制度和运行机制，为企业提供强有力的智力支持和制度保障。

通过打造学习型团队，还可以在企业中构建起优秀的企业文化。传统管理理论认为，企业是否盈利会受到员工的工作方法、技术能力和工作条件的影响。现代管理理论则证明，这些因素固然重要，但企业利润的上升和下降，很大程度上取决于员工的态度，取决于员工所在企业的文化氛围。哈佛大学当代管理学大师克瑞斯·阿吉瑞斯教授研究发现，在很多企业里都有四种妥协现象发生：为了保护自己——不提没把握的问题；为了维护团队——不提分歧性问题；为了不使人难堪——不提质疑性问题；为了使大家接受——只作折中性结论。显然，这样的企业文化只能磨灭员工的锐气和勇气，挫伤其工作的积极性和创造性，降低企业的运转效率和生产率，最终丧失竞争能力。企业文化是指被组织和员工共同认可和遵循的行为规范、思维方式和价值取向，是企业的灵魂，良好的企业文化是企业生存和发展的原动力。要提升团队的竞争力，实现做大做强的发展战略，塑造优秀的企业文化是必经之路。

明白了打造学习型团队的重要性之后，接下来我们需要思考的问题是：怎样建立学习型团队？

1.要有转变观念的决心。

很多人在工作中遇到了新鲜事物，会习惯于用固有的旧思维来面对，总认为维持原状才是最好的。然而，在我们的生命中，有时候我们必须开始一个自我更新蜕变的历程。我们必须把旧的思想、旧的习惯抛弃，才能获得重生，再次起飞。

只有改变，才能重生。所以，我们也要改变旧的思维和习惯，学习新的技能，从而发挥我们的潜能，创造崭新的未来。

2.要在团队中营造浓厚的学习氛围，不断提高员工的学习力。

把人的发展作为团队的发展目标之一，在团队建设的过程中，只有让员工与团队一同成长，以提高学习力为突破口，不断激励员工的创造热情，才能推进企业的可持续发展。一个学习型团队应该将企业精神确立为"学习、超越、领先"，既把学习作为企业精神的一个重要组成部分，又把它作为超越领先的前提。一是树立全新的学习理念，强化员工培训，拓展员工学习的途径；二是构筑适应企业发展的学习体系，企业应加大对员工培训力度，不断优化员工的知识结构和技能结构，形成开放式的教育培训格局，持续开展多层次的培训教育，全面提高员工的综合素质。

新进入IBM公司的行政管理人员要跟着一名指定的"师傅"边工作边学习，就是常说的IBM"师傅徒弟制"，以便新员工边干边学、尽快熟悉工作。对新进入IBM公司的销售、市场和服务人员，还需要先经过三个月的集中强化培训，这一整套培训非常严格和艰辛，IBM的员工将其简称为"魔鬼训练营"。

整个新员工培训过程中，"师傅"不仅手把手地教会新员工公司的流程，还亲自带着新员工到客户那里实地演练。不仅如此，"师傅"还时常与新员工促膝谈心，讲解公司的文化，并结合自身的一些体验，为新员工提供一些职业发展方面的好的意见，帮助新员工度过艰难的"魔鬼训练营"

时期。在最困难的时候提供了最重要的支持，不少"师傅"与徒弟自然而然地建立了深厚的友谊，为以后的团队合作，打下了非常好的基础。

三个月的集中式培训是一个非常严苛的淘汰过程。在这个过程中，新员工要了解IBM内部工作方式，了解自己的部门职能，了解IBM的产品和服务；专注于销售和市场，以模拟实战的形式学习IBM怎样做生意等。这期间，十多种考试像跨栏一样需要新员工跨越，全部考试合格，学员才获得正式职称，成为IBM的一名新员工，有了自己的正式职务和责任。

3.要培育学习型团队文化，不断提高企业竞争力。

在管理中坚持"双层双元"原则。所谓双元，就是作为企业，一要考虑自身的发展，二要考虑员工的发展；所谓双层，即一个企业要注意双元的发展，而员工既要想到个人的发展，也要想到企业的发展，没有企业的发展就没有个人的发展，激发员工将个人的理想追求与企业的发展目标融为一体，实现企业发展与个人发展的"双赢"。

4.要建立鼓励创新的机制，拓展学习型团队新方向。

领导者应该在团队中完善两个机制，一是创新人才培育机制，有了这个机制，把品德、知识、能力、业绩作为衡量人才的主要标准，才能为团队打造高素质的人才团队。二是创新管理体制和运行机制，实行横向一体化管理，企业整体能力的整合与各个环节的联系与沟通，都会因为体制的变化得到改善。这样一来，沟通、交流、学习、研究就成为一个大平台上共同参与的事情。

有一点需要明确的是，打造学习型团队，本身就是一件新事物，是一个富有创造性的工作，它要解决的是企业运行机制的问题，解决企业今天和未来的发展问题，而不是急功近利的短期活动，不是赶时髦图好看形式化的展示。因此，必须始终与企业生存与发展的自身实际相结合，与企业的具体工作相结合，紧密融入企业管理的实践之中，唯其如此，才能真正提升团队的学习力。

第七，在团队中打造一个"学习道场"。

纵观国内外，任何一个大型企业的发展，都离不开团队学习。资料显示，在全球500强企业中，50%以上都是学习型企业；美国排名前25位的企业，80%是学习型企业；全世界排名前10位的企业，100%是学习型企业。国内一些企业也通过创办学习型企业而给企业带来了勃勃生机。细节决定成败一书中写道：在创业过程中，第一代老板靠胆子，第二代老板靠路子，第三代老板靠票子，第四代老板靠脑子。毋庸置疑，在互联网时代，随着科技的进步和知识更新速度的加快，领导者一定要带领自己的团队不断学习，及时进行知识更新，才能适应日趋激烈的竞争。

一个团队学习的过程，就是团队成员之间思想不断交流、智慧的火花不断碰撞的过程。如果团队中每个成员都能主动学习，集体的智慧必然会大增，就会产生1+1＞2的效果，团队的学习力就会大于个人的学习力，团队智商就会大大高于每个成员的智商，整体大于部分之和。授人以鱼不如授人以渔——给一个人一条鱼，你只能喂饱他一天；教会一个人钓鱼，才能使他一辈子不会挨饿。作为团队领导，不但要自己会钓鱼，还要教会员工钓鱼。授人以鱼只能使他做对了事情，授人以渔则可以使他以正确的方法做事情。不仅要做正确的事，还要正确地做事，这是活到老也要学到老的事。

孔子曾经说过一句话："生而知之者上也，学而知之者次也，困而学之又次，困而不学下民也！"这句话的意思是：生来就知道的是最聪明的；通过学习才知道的是次一等的；遇到困难才学习的又是次一等的；遇到困难仍然不学习的人是最下等的了！从先贤的话中我们应该明白三点：一是学习在任何时代，任何社会，任何组织中都是永恒的话题。二是主动学习，让学习成为企业永远保持长青的最好的方式和方法，学习使人进步，使企业保持生机和活力，使企业在当今激烈的竞争中永远保持不败。三是学习能让自己和企业成为社会和行业的引领者，而如果是出现困难了才去学习，那最后的结果是永远跟在别人的后面，没有创新和开拓。

> 联想集团创建于1984年，现在已经发展成为拥有19家国内分公司、21家海外分支机构、近千个销售网点、职工6000余人，净资产16亿元，以联想计算机、计算机主板、系统集成、代理销售、工业投资和科技园区六大支柱产业为主的集工贸一体、多元化发展的大型信息产业集团。
>
> 联想的成功有着各方面的因素，然而，不可忽视的一点是，联想内部形成了一个宝贵的"学习道场"，具有极富特色的组织学习实践，这使得联想能顺应环境的变化，及时调整组织结构和管理方式，因而，它能够健康成长。
>
> 早期，联想从与惠普(HP)的合作中学习到了市场运

作、渠道建设与管理方法，学到了企业管理经验，这对于联想成功跨越成长中的管理障碍发挥了巨大的作用；现在，联想积极开展国际、国内的技术合作，与计算机界的众多知名公司，如英特尔(Inter)、微软、惠普、东芝等，保持着良好的合作关系，并从与众多国际大公司的合作中受益匪浅。除了能从合作伙伴那里学到东西之外，联想还是一个非常有心的"学习者"，善于从竞争对手、从本行业、从其他行业的优秀企业以及从客户等各种途径进行学习。

柳传志曾经说过一句箴言："要想着打，不能蒙着打。"这句话的意思是说：要善于总结，善于思考，不能光干不总结。

因此，领导者要想使团队日臻完美，必须像联想一样在团队中打造一个"学习道场"，使学习成为全员共同的习惯，使企业通过学习取得进步。善于学习的团队一定会成为最后的赢家。

那么，究竟应该如何打造"学习道场"？在我看来，应该从以下几方面入手。

1.激发员工超越之心。

任何一个领导者都希望引导企业走向自我超越，但要实现这一点，首先要激发员工超越之心。七种方法可供参考：一是公司、部门经常分析公司、部门面临的问题和挑战；二是公司、部门使用成熟、科学的管理工具来完成决策，以达成多数成员的一致意见；三是生产部门经常试验新的原材料、生产方法、工艺或技术，以提高质量、产量、降低成本；四是职能、运营部门会经常考虑并试验新的工作方法，以提升工作效率；五是公司、部门有正式的流程，评估新想法和新方法；六是公司上下各级员工都有一定的容错授权和空间；七是公司有容错的文化和相应的绩效制度。

2.注重员工成长。

要在团队中打造"学习道场"，领导者必须注重员工的成长，让员工的成长与企业的成长相匹配，甚至在有些时候，员工的成长还需要领先于企业的成长，再说通俗一点，也就是说，员工的成长有多快，企业的发展速度也就有多快。为此，领导者一定要关注员工的成长与发展，给员工提供成长的空间，给员工提供发展的平台。

3.关注员工学习。

员工的成长来自于持续不断的学习。领导者在管理过程中，不但应该把员工的学习列入自己企业的战略，同时还把员工的学习列入各个部门负责人的绩效考核，并且每年还拨出专款为员工提供学习的保障。

4.制定学习福利。

一个关注员工学习的企业、注重员工成长的企业，除了在企业的战略里面体现出来，同时还把员工的学习与公司相关制度相匹配，对于那些学习的人，除了公司给予资金资助，同时还给一定的学习奖励，并且在用人的时候，优先用那些爱学习的人。一个学习型团队，只有具备了这一点，才能刺激自己的员工在日常的工作运营过程中，不断地去学习，不断地去深造，从而让自己不断成长。一个企业一旦能把学习福利作为企业发展的一项必备工作，就说明了这个企业的"学习道场"已经初步建立起来了。

5.坚持，坚持，再坚持。

学习最需要的是坚持，不能把打造"学习道场"当作一项应急活动或短期工作，刮一阵风就完事，这项工作应当持之以恒地延续下去。

在团队中营造"学习道场"是一个漫长的、艰苦的过程，必须结合本企业的实际情况，不断探索、不断总结，以期建立起具有自身鲜明特色的团队，真正促进企业的长远发展。

感悟箴言

加强员工的培训已经成为纵生销售集团最重要的一种企业文化。在我看来，充实"脑袋"比填满"口袋"更重要。与其盲目地到处撒网搜罗人才，不如多投入时间和精力来培训内部员工。

2009年6月9日，为了培养自己的营销管理干部，传承纵生销售集团的创业精神和企业文化，我决定：开创中国保险代理行业培训的先河，在没有保险代理行业组训培训的经验可供借鉴的前提下，依靠自己的力量，集中人力、物力、财力举办纵生销售集团黄埔第一期组训培训班。

组训培训班要求师资力量要充足，时间周期要长，财力、物力要准备充分，是保险行业培训里规格最高、要求最为严格的培训。当我决定开班的时候，就已经下了为中国的保险代理行业培养人才和付出成本代价的决心。

课程的流程安排是极为缜密的，我从晨会、早会、全天课程、晚课，各环节都亲自参加组织、培训，使参训学员在生活、学习各方面

都得到全方位的提升；而作为黄埔一期组训培训班班主任，我也因此积累了丰富的教学经验。

2011年5月7日，在辽宁省兴城市交通疗养院，我又开办了纵生销售集团黄埔二期组训培训班。结合5年来创业实践经验的积累，我再任导师，亲自担纲了90%课程的传授。这次培训采取理论与实践相结合的教学方法，让参训学员掌握一线营销团队需要的专业技能，从表达能力训练、业务辅导、业务推动、教育训练、专业化推动流程、专业化增员流程等方面进行知识的传承；同时，通过坐、立、行、走等生活式教育使学员养成良好的习惯。

培训期间，我和学员们一样，早上5点30分起床开始晨练，口风训练、热身操、跑步、热身带动我都亲自指点，要求动作规范。我告诉学员与人方便就是与己方便，不给任何人增加任何麻烦，用餐结束后经过学员自己清理的餐桌得到餐厅管理人员和服务人员的高度赞誉。每天早上8点开始至晚上10点，早会经营、全天课程讲授、夕会经营、问题答疑、晚课辅导，我不断采用各种授课方法，使学员们迅速提升技能。培训班结束后，学员们都有了很大的进步。

浓厚的普度众生之心

海旭说

使命感、成就感、富足感、价值感，拥有了这些，我们才能够骄傲和自豪地说：我很幸福！

何谓"普度众生之心"？最重要的是"普度"二字，也就是说，那些有能耐的人我们要帮助，那些没有能耐的普通人我们更要"度"。

第一，怀有普度众生之心，才能改变命运。

做到"普度"真的很难，但即使做不到"度化"所有人，我们也要有这颗心，要对他人心怀善良与慈悲。

有一个人打算翻修房子，于是请了当地最有名的风水师，来家中看一下风水。他开着车载着风水师走在路上，眼看就要到他家的时候，有两个不知天高地厚的小孩正在互相追逐着在马路上奔跑，他马上一个急刹车停了下来，看到两个小孩都跑到马路边上后，才继续开车。

到家之后，他停下车，不小心按了一下喇叭，这时，他家后院的桑树上"哗啦啦"一下子飞起了很多麻雀。他就让风水师稍等一下，过一会儿再进院子。

风水师好奇地问他："刚才在马路上，第一个小孩跑过去的时候你刹车停了下来，为什么没有继续往前开？"他回答说："两个小孩在打闹，一个跑过来，另一个在后面追他，所以我等第二个小孩也跑过去之后再开车，这样会避免他们被后面的车撞到。"

风水师又问："现在你为什么要在外面等着，不立刻回家？"他又回答："刚才我一按喇叭，很多麻雀飞起来了，肯定是因为有小孩来偷我们家后院的桑葚，如果我现在进院，说不定会吓到那个孩子，孩子万一从树上摔下来就不好了。"

他接着又问风水师："我们家后院的这颗桑树，据说会影响风水，我是不是应该把它挪走？"风水师笑了笑，说："你不需要看风水，因为你很善良，你走到哪里，你的风水就好到哪里。"

我们每个人都应该拥有一颗善良、慈悲的心，这是我们改变命运的一个重要因素。无论在生命的道路上我们会遇到怎样的困难、怎样的逆境、怎样的迷茫，都要秉持这样的信念。如果我们在生活中时时心存善念，那么我们的善行就会在造福他人的同时给自己也带来巨大的收获，善良一定会有善报。

无论我们做什么事情，无论是建立自己的事业也好，打造团队也好，都要怀着普度众生之心，这样，团队才能长久。如果我们在打造团队的时候，一心只想着对团队成员进行压榨、剥削，那团队用不了多久就会散伙。

第二，起心动念利他，传播正能量。

在如今的市场上，我们会看到一种怪现象：一味利己，无限度追逐利润。在很多人眼中，只有唯利是图，才能成就事业。为了压低成本，他们采用假冒伪劣的原材料；为了推销产品，他们没有原则地把粗制滥造的东西吹上天；他们自己卖的产品，自己却不敢用。为了攫取利润，他们一再放低自己的底线，甚至泯灭良心！一味利己，眼中只看到利润，这样做不但企业会走进死胡同，还有可能影响整个行业的生态环境。

世间万事万物都是紧密联系在一起、不断循环的，没有人能置身事外、独善其身。漠视他人生命的人，自己也有可能成为受害者。如果整个社会都失去责任感与使命感，那么，受到伤害的，首先就是每一个"我"。

做人要有良心，做事要对得起自己的良心。我们一定要有对其他人负责，对社会负责的责任感，不要只是为了自己的欲望而生活，这样才能使社会变得更加美好。

对于这个问题，稻盛和夫曾经给出一个答案：利他之心。

什么是"利他之心"？

稻盛和夫是这样诠释的："人的心可以分为两面，一面是利己之心，一面是利他之心。所谓利己之心，是指一切为了自身的利益；所谓利他之心，是指为了帮助别人，宁肯暂时牺牲自己利益。自利是人的本性，自利则生；没有自利，人就失去了生存的基本驱动力。同时，利他也是人性的一部分，利他则久；没有利他，人生和事业就会失去平衡，并最终导致失败。"

20世纪80年代，日本通信业界风云突变。一场变革席卷了整个行业——电气通信事业法允许通信民营，由日本电信电话公社主导的垄断体制终于宣告结束，一个自由化的、民营化的、竞争的时代随之而来。

此时，来自四面八方的媒体评论已经针对通信市场自由化的必然性达成了共识，然而，与这些报道中言之凿凿的改革趋势形成鲜明对比的是，参与者报名栏却始终是一片空白。如果在这一领域没有出现新的竞争者，日本电信电话公社一家独大的局面就不会发生丝毫改变，民众便只能继承承受昂贵的通信费用。

亲眼目睹通信业界的风云变幻，管理大师稻盛和夫产生了一个大胆的想法：创立民营通信公司，打破日本电信电话公社的垄断，为民众谋福利。

有志始成行，但稻盛和夫深知，如果这份责任感掺杂着私心的话，有可能最终一事无成。于是，很长时间以来，他每天晚上入睡之前都会问自己："你参与通信事业真是为了民众吗？是否存有为公司或个人谋利益的私心？是否为了受到社会的关注而自我表现呢？动机是否纯粹？"

经过对初心的成千上万次拷问之后，他终于确定了内心深处无可动摇的意志，KDDI公司由此而生。

KDDI成立之后，问题可谓层出不穷，比如缺乏通信行业经营经验、核心技术匮乏、基础设施必须从零开始建设等。然而，在困难面前，稻盛和夫没有轻易放弃，而是迎难而上、自立奋战。他坚信，只要一心做有利于国民的事情，企业终究会获得成功。果不其然，没过多长时间，KDDI的业绩就领先于同期参与的其他企业。

更令人惊讶的是，作为经营者的稻盛和夫手上连一分股票都未曾持有，却为一般的员工都提供了购买股票的机会，让员工们从KDDI的发展中获益，以此来表达对员工为公司鞠躬尽瘁的感激之情。稻盛和夫的这种利他精神打动了每一位员工，使得员工们更加心甘情愿地为企业的壮大而奋斗。得益于这种万众一心的努力，KDDI的业绩呈直线上升趋势，成立不到20年，就跨入了世界500强行列。

稻盛和夫认为，领导者应该"拥有更高水准的哲学，更高水准的人生观"，"我赤手空拳创业至今，仅仅40年的时间，就取得这样的发展，那不是因为我有什么超群的才能。正是由于我始终忠实地信守了我所说的经营原则，才使我们的事业有了今天这样的空前发展。这并不意味着要去做什么特别的事情。就经营者而言，就是要把企业经营好，让员工、包括其家属在内的所有相关的人都能放心地把自己的人生托付给公司。这本身就是了不起的善举，就是为社会为世人尽力。我认为，通过这种善行而磨炼得更为美好的灵魂，才是能够带往那个世界的、唯一的、真正的勋章。"

利他则久，做任何行业都是如此，企业的经营与发展离不开利他之心，拥有"利他之心"的企业是战无不胜的。我们都应该怀有利他之心，先付出，先帮助别人，从自己做起，为这个社会传播正能量，这也是我创办纵生销售集团的初衷。

先利人后利己的经营理念与中国传统文化中"好人有好报"的朴素理念是一脉相承的。一个能够成就伟大事业的人，在他的心灵深处，一定有着最简单的人生观。

"利他之心"不只是一种人生豁达的境界，更是团队竞争力的源头。在企业经营中，只有做了有利于员工、客户乃至整个行业的事情，才会得到同样的有利回报，经营起来才会得心应手。企业是不可能脱离社会孤立发展的，而是存在于一个自然的生态系统中，如果领导者只一味地关注自己的利益，可以在这个世界上得以生存，但一旦危机爆发，往往就会孤立无援。企业只有与相关利益者建立从共赢到共生的良性关系，从"利他之心"出发，才能依靠强大的整体力量获得持续发展。

以利他之心来成就企业的长远发展，领导者需要做的是，从局部注重自己的条块思维转变为注重整体、关注他人利益的系统思维。能够把企业经营得有声有色的人，都是能给更多的人带来更多利益的人。

2014年，85岁的吕志和以220亿美元净资产成为仅次于李嘉诚的华人第二、也是亚洲第二大富豪。在这位领导者所有的慈善捐赠中，"世界文明奖——吕志和奖"是他投入时间和心力最多，也期待最大的一项。这项由他首期捐资20亿港币建立的全球性奖项，每年颁发三个奖项：一是促使世界资源可持续发展奖，二是促进世人福祉奖，三是倡导积极正面人生观及提升正能量以振奋人心奖。

在他看来，在如今这个物质和科技日益发达的时代，建立人们内心的满足和幸福感，是让人与人、人与自然更和谐地相处的关键，也将是人类社会当前和未来至关重要的课题。这三个奖项就是为了实现这个目标而设的，要找到上述三个领域的世界文明之光，使其成为人们心安和世界可持续发展的榜样。

到了吕志和这个级别的领导者，已经达到了马斯洛需求层次理论的最高需求——自我实现，不会问这个社会给了我什么，而是经常反问自己，我能为这个社会做什么？

人生观决定了我们的事业观、财富观与世界观，凡事须立足于长远，境界须大开大阖，只有站在更高维度的领导者，才有可能成就生命的大格局，甚至超越国界、迈向人类的精神高峰。

第三，爱是团队做强做大的原动力。

在团队运营的过程中，我们经常会看到两种不同的场景：给员工很高的薪水，然而换来的却是员工们的抱怨与不满，即使他们离开了公司以后，还会对公司耿耿于怀，并把这种负面情绪传播给自己身边的人；给员工的薪水不高，但是员工们对公司的忠诚度却很高，团队凝聚力强，员工愿意为公司付出百分百的心血。在你的团队里，出现的是哪一种场景？

其实，之所以会出现这两种截然相反的场景，团队领导是否懂得对员工进行情感投资是非常重要的一个原因。

作为团队领导，一定要明白，人是这个世界上感情最丰富的一个群体，借助感情来经营你的企业，你将会收获巨大的财富。员工怎么才会热爱企业呢？其实很简单，团队领导先要去爱员工们，感动他们，把他们当成是企业这个大家庭的一员，让他感受到企业的温暖。当员工被团队领导"感动"了之后，他们所表现出来的对企业的热爱才是真正发自内心的。

海底捞的"变态式服务"广受称道，征服了越来越多的消费者。在海底捞就餐，顾客真正能够找到"上帝的感觉"，这里的服务热情得甚至会让顾客觉得有些"不好意思"。但是，鲜为人知的是，其实海底捞不但把顾客当成是"上帝"，在这里，员工也是"上帝"。

在海底捞，每个员工都会有这样一种理念：当我需要帮助的时候，店长和经理会是第一个站出来帮助我的人。不管是生活上遇到了困难，还是在工作中遭遇挫折，只要我开口求助，他们一定会在第一时间帮我。店长和经理们都不会在办公室里坐着，他们的位置是在餐厅的第一线，哪里需要帮助，他们就会在哪里出现。不仅如此，海底捞的店长、经理每个月都有一项特殊的任务：去员工的宿舍生活三天。目的在于体验员工的衣食住行是否舒适，以便于及时地对其进行改善。

其实，就整个餐饮行业的待遇而言，海底捞的工资只能算是中上。然而，隐性的福利比较多。在通常人们的理解里，在餐饮业打工的人一般都是住在潮湿的地下室里，过着艰苦的生活。与此不同的是，海底捞为员工们在离公司不远的地方租借了配套设施完善的公寓楼，他们还可以享受到24小时的热水和空调。为了减少员工外出上网可能带来的危险，海底捞为每套房子都安装了可以上网的电脑。

在海底捞，员工可以享受一个特权：基层服务员可以享有打折、换菜甚至免单的权利，只要在事后进行口头说明就可以了。

关于海底捞被人称为"变态式服务"的细节服务，

比如发圈、眼镜布等，最开始的时候只是一个自发的想法。员工提出新建议，大家讨论后觉得可行就会去实施。包丹袋就是这个想法的代表，这是一个防止顾客手机被溅湿的塑封袋子。由于是一名叫包丹的员工提出这个创意的，即用员工的名字命名。这种命名的方式既能实现他的价值，也是对他的尊重，很多员工都有很多不错的创意，要给他们提供机会。当包丹袋在其他店也开始使用的时候，这些店会给这位员工交纳一定的费用。在海底捞的团队领导看来，团队领导一个人的智慧是不够的，在海底捞很多富有创意的服务都是由员工创意出来的，因为他们离顾客最近。

你的感动就是一种力量，把你的员工拧成一股绳，劲往一处使。爱是团队做大做强的原动力。戴尔·卡耐基说："人类行为有一个非常重要的法则，那就是时刻让人感受到温暖。"不过，人人都在说爱员工，如何才是真正地爱员工呢？

爱员工就要善待员工，给员工一个闪亮的舞台，你才有资格去要求你的员工为你殚精竭虑、忠诚努力。如果企业得不到员工的支持，那么就像是一艘失去了水手的船一样，是无法继续前进的。不能善待员工的企业家，永远无法捕获员工的忠心与诚心，也不可能在企业中建立起一个团结奋发的团队，在市场大潮中早晚都会被淘汰。

也许你没听过陶华碧的名字，但是你一定吃过"老干妈辣酱"。陶华碧是个文化程度不高的农村妇女，在刚创业的时候，她几乎什么也不懂，但是她只懂得一点，那就是要善待员工，实行亲情化管理。

1997年8月，陶华碧正式成立了"贵阳南明老干妈风味食品有限责任公司"，她的小铺子摇身一变成了公司，走入正轨。

为了改善企业的管理情况，陶华碧开始制定相应的规章制度。在这个过程中，她始终把"感情投资"当作是必须恪守的原则，比如，她考虑到公司位置比较偏僻，交通也不便利，就把对员工包吃包住写进了制度中，尽可能减轻他们的负担。

不仅是在制度上为员工们着想，陶华碧还时时刻刻把员工们记在心里，对他们关怀备至。她对每个员工都像对自己的孩子一样关心。每当员工们出差的时候，她都会亲自为他们煮几个鸡蛋，让他们带着路上吃。出发之前，还会对他们千叮咛万嘱咐，让他们注意安全。

虽然陶华碧没受过什么教育，但是她明白一个简单的道理：关心一个人，就会感动一群人；关心一群人，那么整个集体都会被感动。感情投资使公司的凝聚力变得越来越强，发展得也越来越好。

人人都希望被善待，员工也不例外，只要你能够真诚地对待他们，在他们需要的时候站出来保护他们，肯定他们对公司的意义与价值，那么员工自然就会对企业产生一种向心力，而这种向心力就是企业的发展动力，将会推动着企业不断向前。

爱员工不要只是口头上说说而已，更不要"画饼充饥"，要把它作为整个企业经营管理的出发点和行动基石，真正落到实处，让员工切实感受到。

感悟箴言

一个好的领导者应该把团队经营成一个"大家庭",从某种程度上说,纵生销售集团就是一个大家庭,而我就是这个大家庭的"家长"。

在纵生销售集团这个大家庭里,我从来都没把自己当成需要众人仰望的老板,在我看来,每位员工都是我的兄弟、朋友、亲人,对每个人,我都会尽我所能让他感受到我对他独有的那份好。无论哪位员工遇到困难,我总是第一时间去探望,并尽全力帮助对方,如果实在到不了,也会通过电话等其他方式表达自己的关心和问候。在我的影响下,纵生销售集团充满了爱。

2016年5月27日,大爱的纵生人发起了一场爱心接力,故事的起因是这样的。

洪雨是纵生销售集团的内勤,也是第三期组训培训班的学员。几年前,她不幸得了肺结核,从此开始了自己的漫漫寻医路,先后在大连市结核医院、鞍山结核医院、沈阳胸科医院等多家医院住院治疗,但病情却一直在加重。2016年4月,她到辽宁省大连大学附属中山医院就诊,发现病情继续恶化,出现了左侧胸腔积液、心包积液、气管憩室、肝胆脾胰腹水等症状,医院不接收住院,建议她转到更权威的医院进行治疗。然而,多年求医已经花光了家里的所有积蓄,根本拿不出钱来继续治病。

听说了这件事之后,我毫不犹豫地对大家说:"我们帮帮她吧,我捐10万!"紧接着,纵生上下全体员工开启了捐款行动,纷纷表达自己的心意和祝福。带着所有纵生人的爱,我和纵生国际股东、信泰人寿辽分副总李冰一起乘坐高铁前往长春,来到洪雨所在的医院,把

14万元爱心款交到了洪雨母亲的手中。我拉着洪雨的手，对她说："师父来看你来了，你好好配合治疗，不用担心钱的事情，有师父呢！"那一刻，我不怕传染，心里只有对徒弟的关心。

看完洪雨后，我又找到了她的主治医师，详细询问了她的病情，并恳请医生，一定要全力救治洪雨的病！医生被感动了："我第一次看到这样的领导，这领导太好了，这孩子一定会好的！"

第三章 吹响团队的集合号——聚人

第四章 入骨三分看人才——识人

人才是团队的第一资源

> **海旭说**
>
> 如果我培养了50名出色的人才，只有5个留在了纵生销售集团，就是胜利。而且我觉得，走掉的这45个人对其他企业、对社会也是有价值的。

都说"巧妇难为无米之炊"，再能干的领导者，如果没有人才的拥护和支持，也打造不出一个卓越、高效的团队。

出色的人才，对一个团队究竟有多重要？刘向的《新序·杂事第一》中有一个巧妙的比喻，生动形象地回答了这个问题。

春秋时期，晋平公乘着小舟在黄河游玩，小舟航行到河道中间的时候，他忽然大发感慨："唉，怎样才能得到贤人和我共同分享这乐趣呢？"船夫固桑听了以后，对他说道："国君如果这样说，那就大错特错了。您身上佩戴着宝剑、头发上装饰着宝珠，腰间还挂着宝玉，这三种宝物产地不同，都没有长脚，但却来到了您的身边。同样的道理，如果国君您真的爱好贤士，那么贤士自然就会来了。"

晋平公回答说："固桑啊，我有门客三千，他们早饭不够吃的话,前一天晚上我就会派人去收市租,晚饭不够吃的话,早晨就派人去收市租,像我这样,难道还能说我不爱好贤士吗?"

固桑说道:"天鹅之所以能够一飞冲天,依靠的只是翅膀上的健羽,至于它肚子下面的细毛、脊背上面的小毛,增加一把或者减少一把,对于天鹅的飞翔都没有太大的影响。不知道国君您的门客,是翅膀上粗壮的健羽呢,还是腹下背上无足轻重的细毛?"

晋平公听了这番话以后,顿时默然,无言以对。

船夫固桑对晋平公的讽劝说明,因为晋平公不识贤士,不能以优厚的条件吸引和善待贤士,所以他有门客三千,却都是些"腹背之毳"——可多可少、无足轻重之人,没有粗壮的"健羽"——举足轻重的贤士。如果晋平公真的喜好贤士,能够区分不同情况,善待贤士,使逃亡的贤士有生存的希望,使穷困的贤士得到显达的机会,将废弃的贤士再度起用,那么,全天下的贤士都会投到他的麾下。

同样的道理,很多团队之所以没有活力,是因为其领导者像晋平公一样,根本就不重视人才,然而人才却是团队中能够带来利润最多、回报率最高的资本。

如果你想把你的团队打造成万里长城,那么,人才就是使其屹立不倒的基石。如果你想把你的团队修建成高楼大厦,那么,人才就是支撑它的栋梁。企业的竞争归根结底是人才的竞争,谁拥有人才谁就能够在激烈的竞争中立于不败之地。

纵观国内外知名企业,很多企业曾经有过无比辉煌的历史,却在很短的时间里从顶峰跌落到谷底，面临倒闭、破产的命运。原因何在？这些企业之所以会失败，固然有着各方面的原因，然而有一点却是相通的，那就是在人才方面的失误。人才定输赢，失人才者注定会与成功失之交臂，而得人才者却能够获得持久的胜利。

作为一个领导者，担负着一个企业的兴衰成败，因此，在管理过程中，必须步步为营，对每个因素都认真加以权衡、分析与利用，而对于人才这一重要因素的管理尤其需要加以重视。要善于激发、汇聚企业每名员工的才能和智慧，把各种各样的人用好，使人尽其才，各尽所能，只有这样，你的团队才能够得到迅速而持续的发展。

在纵生销售集团，每年都会由公司出资，专门对员工进行封闭式培训，我也会抽出一定的时间来，放下工作，亲自来"带徒弟"。我把为公司培养人才当成自己最重要的任务之一。

当然，有些团队领导会担忧：如果把人才培养好了，人才却跳槽了，甚至被别人挖走了，那不就是"为他人作嫁衣裳"了吗？在我看来，这样的担忧大可不必，我们应该站在更高的境界上思考人才问题，如果我培养了50个出色的人才，只有5个留在了纵生销售集团，就是胜利。而且我觉得，走掉的这45个人对其他企业、对社会也是有价值的，从这个角度来看，这又何尝不是一种收获？

当然，除了人才，企业中还有三种人，第一种是人物，第二种是人手，第三种是人渣。人物是那些心无杂念，全身心投入事业，用灵魂去思考、做事，决心把公司做成功、自己立志要成就一番事业的人，比如《西游记》取经团队里的唐僧。人手就是安排什么做什么，不安排绝对不做，等着下命令的人，比如沙僧。而人渣就是牢骚抱怨、无事生非，拉帮结派，挑起事端、吃里爬外的人，比如猪八戒。很多人觉得人渣是企业的"负债"，其实，人渣在团队中也是有用的，比如猪八戒就是取经团队中的"开心果"，没了他，取经团队也不会走到最后。就像盖房子，砖头固然很好，石子也很必要，但如果没有水泥的连接，它们也粘不到一块儿去。

我们的团队中，什么样的人都要有，什么样的人都要用——人渣要用其所长，人手要加以引导，人才关注当下，人物放眼未来，发展要靠人才，做大要靠人物！

财聚人散，财散人聚

海旭说

如果公司挣了100块钱，只给员工1块钱，他是不可能有主人翁意识的；但是，如果99块钱都是他的，他就会觉得公司真的是他的！

世界五百强之一的零售企业巨头沃尔玛有条成功的经验："和你的同事们分享利益，把他们当成合作伙伴看待。反过来他们也会将你当成他们的合伙人，大家齐心合作的效益将大大出乎你的意料。"财聚人散，一心独吞利益的人只能孤独前行；财散人聚，分享利益才能吸引更多的人才，建立起一支有战斗力的团队。不变利益独享为分享，一切都是空谈。

我们要明确一点：员工是"经济人"，从企业获得经济利益，来满足自己生存和发展的基本需求。企业与员工之间的经济联系是其他一切联系的基础，由这种联系而产生的企业凝聚力也是起决定作用的凝聚力。如果割断了企业与员工之间的经济纽带，企业凝聚力将不复存在。

所以企业不能忽视员工的这种需求，必要时候要运用物质刺激手段来强化员工的工作积极性，满足员工的需求，最大限度地调动员工的工作积极性，使员工个人的发展与企业发展达到统一。

> 台塑集团的总裁王永庆到公司上班，看到楼下有三个人正在铺草皮，他们干一会歇一会，十分懈怠。王永庆于是就走上前去，问他们为什么不好好工作。那些工人们回答说，工资太低，一天只有60块钱，还不够养家糊口。王永庆于是说道："我给你们加一倍工资，你们能不能铺更多的草皮？"工人们一听，连连点头，说那样的话他们可以做现在三倍的工作。最后，他们实际上铺的草皮数真超过了原来的三倍。
> 王永庆想，原来每天铺一坪，付给他们每人60元，后来工作成果是原来的三倍多，产生了200多元的价值，付给他们工资120元，双方都得到了更大的收获，何乐而不为呢？

如果公司挣了100块钱，只给员工1块钱，那员工是不可能有主人翁意识的；但是，如果99块钱都是他的，他就会觉得公司真的是他的！

当然，薪酬并不是激励员工的唯一手段，在创业艰难的过程中，我还悟出了一个道理：物质和精神是共存的。我曾经对很多人说过："一个人有了梦想（精神）之后，他才会愿意去努力行动，最后得到理想的结果。而当他得到了结果之后，他需要做的就是扩大自己的梦想，然后继续努力去行动，得到更多的结果……这就是一个不断放下再追寻、放下再追寻的循环，如果哪一天一个人停下来了，梦想停滞了，那么他的物质追求也会就此终结。因此，在我们所创造的物质里面的三分之一，应该是用来学习和提升自己的。未来的企业家，都应该是学习型的，而且是演说型的，如果没有这两点，未来的企业家不可能把企业做大；因为所有的企业家一定都有自己的想法，而这些想法一定要让自己的员工知道，这样员工才能帮助他达成梦想。"

因此，在我经营公司的过程中，我一直坚持要让员工多赚钱的理念，最起码要让员工在同行业里的收入是最高的。这样才能实现两大愿望：第一，做一流的企业。很多人想把自己的企业做到一流，但是他们的员工工资却是三流的，这样的逻辑怎么可能行得通呢？所以，在一流的企业一定要给员工一流的收入。第二，只有让员工赚到了钱后，他才能在企业里长期稳定地工作下去。一个企业，如果能让老员工新员工一样充满干劲儿，这样的企业才能做强做大。

一个开公司是为了自己赚钱的老板，是难以打造出一支有情感的铁杆团队的。一个不愿意把钱分给员工的团队领导者，是难以让员工对自己产生感情的。就如一个男人在追求一个女人的时候，要看这个男人对女人是否用心，就要看这个男人舍不舍得为女人花钱。这个比喻未必正确，但说明一个道理。有的时候，钱是对感情的一种测试，代表了一个人是否愿意付出。老板和员工的关系也是如此，看一个老板是否关心员工，要看他能不能把赚来的钱分给大家。分钱的时候，老板不要总想着"交换"，要"舍得"。当老板真正做到了这一点的时候，那么舍出去的是钱，得到的是人才，因为舍出去的钱，打造的是一支有感情的团队，所以舍出去的是钱，得到的是事业的辉煌。

"得人心者，得天下；失人心者，失天下"，一个懂得分享利益的团队领导，才能引领他的团队走得更远。通过分享，人心凝聚了，团队也就有了强大的向心力和竞争力，企业这栋大厦就有了牢不可破的基础，才能建得更高。

感悟箴言

我带领着我的团队创业 3 年，才拿到了第一笔收入。我没有把拿到的 30 万块钱揣到自己的口袋里，而是给一直跟随着我的 5 名员工每人买了一辆车。所以他们才愿意继续跟随我、支持我。

虽然在今天的企业当中，人才竞争很激烈，很多企业的人才流失比较严重，但在纵生销售集团，我从来没有因为此类事情困扰过。我不会特意去叮嘱员工一定要留下来，员工想离开公司，我不会勉强他，因为我认为如果员工要离开公司，一定是因为我做得不够好，一定要在自己身上找原因。包括我们公司曾经的保洁阿姨，其他公司给她开出更高的工资她都不离开公司，不仅如此，每逢节日还都送礼物给我，在我生病的时候关心我，甚至连家里有什么好吃的都会带给我吃。保洁阿姨这样做是因为我也同样给予了她爱和关心。所以，在与人相处做事的过程中，只要你愿意为对方付出爱和关心，自然就会获得更大的回报。所以说，"舍得"不是"交换"，而是一种智慧，一种境界，一种格局。

在纵生销售集团，每年的年会都是众人翘首期盼的日子，在这一天，我会向那些奋斗了一年的员工们颁发奖励。我至今仍记得，2012 年 1 月 8 日，在沈阳的一场大型活动中，面对近千名员工，我现场向员工颁发汽车奖励时，那些得到奖励的人流下激动的泪水时脸上写着的幸福。到今天，我的团队已经发展到18万人，我仍延续了这种奖励，已经发给员工300多辆车和近百套房子。2016年，我将公司旗下旅游产业收入中的96%全部奖励给了员工。当我这样做的时候，我并没有想我会得到什么，我只是想如何让员工得到更多，让他们生活得更幸福。因此，当我真正做到"舍得"的时候，我的行为不仅会感动员工，就连我自己也深受感动。而最令我感动的是，不是我给员工很多的奖励，而是一种甘愿付出、舍不为得的精神。

  当然，并不是每个老板一开始就可以做到这点，最初，我也会觉得，我这么努力，这么付出，为什么员工一点反馈都没有？难道他们真的不懂吗？后来我意识到自己这样想是不对的，我不能用自己的标准去要求员工，员工思想没有达到这个高度，因为站的角度不同，所以在很多时候我应该去多理解员工。有些时候我也会自责，我知道很多员工之所以没能明白我的意思，是因为我自己没能带领好他们。所以，每个月我都会给公司的负责人培训，不断地去和他们交流、沟通，尽力保持我们的思想同频、一致。这样做，促使员工更加了解我，知道我想要做什么，他们应该怎么做。

满足人性六大需求，激发团队潜能

海旭说

真正能决定一个人成功与否的不是他的"欲望"，而是他的某种"欲望"是否能得到正确的引导。

自然界创造了万物之灵——我们人类。人类之所以能在生物进化竞争中成为食物链的顶端，除了拥有一个其他任何动物所不及的精密大脑之外，还有无坚不摧的协作精神。在团队中，这种协作精神的强弱，会对凝聚力产生巨大的影响，甚至直接决定团队成败。

然而，人的本性却是利己的。在一个团队中，领导者的目标往往是明确的，理想是崇高的，蓝图是美好的，但成员却不然，他们通常没有如此强烈的目标感和使命感，更关心的是自身利益的得与失，并以此为标准来行事。所以，要增强团队的凝聚力，领导者就需要对成员进行引导，满足他们的个人需求，从而使其产生动力与欲望，激发出极大的工作热情。

如果领导者善于满足员工的需求，并将这些需求进行有效的"编织"，就能打造出一个"铁杆团队"，如曾国藩所说："合众人之私，以成一己之公。"

在这个世界上，每一个人都有六种需求：安全感、新鲜感、荣誉感、爱与被爱、成长、贡献，每一个人都会受到这六大需求的驱动！

满足一个人的一个需求，这个人会喜欢你；

满足一个人的两个需求，这个人会和你成为朋友；

满足一个人的三个需求，这个人会加入你的团队或者成为你的伴侣；

满足一个人的四个需求，这个人会跟随你，成为你的生死之交；

满足一个人的五个需求，这个人一辈子不会离开你；

满足一个人的六大需求，这个人的灵魂都属于你！

接下来，我们来看看这六大需求是如何影响并且驱动一个人为团队努力的。

第一，安全感——人的第一需求，工作的首要目的。

每个人都渴望得到安全感，这是人最基本的需求。一个人之所以努力工作，最初的愿望就是解决衣食住行的问题，而衣食住行就是生活的基础保障。员工上班，首先生活要过得去，抛开其他高层次的需求不说，每个月赚的工资是否能满足其生活的基本开支，这是决定员工是否安心工作的基本因素。也就是说，从打造团队的角度来看，员工渴望得到的安全感是生活有所保障，只有在这种情况下，才可以去谈责任感和忠诚度。

因此，员工加入你的企业，一定希望获得充足的经济利益，能够为自己提供较为宽裕的生活。如果你不能满足员工的这个基本需求，那么，员工在面对更大的经济诱惑的时候离开企业也就可以理解了。

企业是以盈利为根本目的的，每个企业家都会把企业利益放在第一位。然而，是谁为你创造了企业的利益？是人才。因此，在争取企业利益的同时，企业家也要兼顾人才的利益，"小河有水大河满"，如果人才的钱包里空空如也，又怎么会脚踏实地地为企业而奋斗？

阿里巴巴的管理者马云就深谙满足员工安全需求的重要性。

阿里巴巴上市的时候曾经公布了一份招股说明书，在这份说明书中，人们惊讶地看到：马云的持股比例竟然不到5%，只是象征性持股。然而与之形成鲜明对比的是，阿里巴巴的将近5000名员工却持有总计4.435亿股股份，平均每名员工持有9.5万股。

这正是马云一直秉承的"发展为了员工、发展依靠员工，发展成功由员工共享"理念的真实写照。在阿里巴巴，企业首先满足了员工的赚钱欲望，所以员工的忠诚度如此之高也就不难理解了。

因此，在建设团队的过程中，如果希望成员对团队奉献忠诚，第一步就是让成员感到安全，生活有保障。

第二，新鲜感——每个人都想尝试新的东西，新鲜感是保有热情的"保鲜剂"。

亚伯拉罕·马斯洛在《人类激励理论》中指出：人是一种不断追求的动物，除短暂的时间外，极少达到完全满足的状态。一个欲望满足后，另一个欲望会迅速出现并取代它的位置，当这个欲望被满足了，又会有一个欲望站到它的位置上来。人总是在希望着什么，这是贯穿人整个一生的特点。

管理的最高境界在于"不管"。所谓"不管"并非放任自流，而是首先要了解人的想法，要通过满足人的需求获得人们的认可和拥护，并且通过教育引导他们超越需求，让生命不断得到升华，在追求更高境界的同时实现人生的更大价值。

人的首要需求是安全感，但绝对不止于安全感。因为，当安全感得到满足之后，人自然会产生另一种追求——新鲜感。以婚姻为例，两个人结婚之后，过着稳定的生活，女方安全感的需求已经得到满足。这个时候，她不再重复"这是真的吗"这样的问题，而是要求男方制造浪漫。所谓要求制造浪漫，其实是女方新鲜感的需求未能得到满足的另一种表现。在新鲜感的需求长久得不到满足的情况下，要么男方做出改变，要么女方做出调整，而另一种结果即是双方寻求各自的幸福。

同样的道理，在公司，老板和领导者扮演的角色相当于婚姻当中的男方，员工为女方。虽然员工没有提出满足他新鲜感的要求，但是如果每天面对重复的工作，尝试不到新的东西，也会心生厌倦。当然，这种比喻也许不恰当。

人面对工作一般有两种反应。一种是安于现状，另一种是寻求突破。所谓安于现状，是指一些员工来到公司，每个月赚几千块钱的工资，生活的基本保障得到满足之后，不再寻求新的发展，渴望稳定。那么稳定之后又会带来什么样的结果呢？

从人性的角度来讲，人活着就要成长，成长意味着接受新的尝试，吸收新的"营养"。如同花一样，活着的目的是盛开，如果没能盛开，只有一个原因，就是已经枯萎。人的生命状态也是一样，要么盛开，要么枯萎。也就是说，对于满足现状、渴望稳定的人而言，他们不是不希望成长，而是受环境影响，促使他们不愿改变。

追求稳定的过程，也是自我放弃的过程，实际上，没有人可以稳定地度过一生，没有人愿意过千篇一律的生活。因此从领导者的角度来看，员工追求稳定往往是因为工作本身没有新鲜感。没有新鲜感，就会失去对工作的热情。

另一种反应是寻求突破。人希望有所成长，却总处于一种"稳定的环境"中，因此，想要寻求新的发展，唯有突破环境的限制，不断挑战自我才可以。这也是我们在建设团队过程中常会遇到的问题，因为工作乏味，人们会失去对工作的热情，而没有热情，每天做重复的工作，有些人就会选择离开。

人都渴望尝试新的东西，不能总是一成不变。能够引起大脑兴奋的往往是出乎意料的结果，如果长期得不到出乎意料的结果，大脑就会失去兴趣，折射在生活和工作上的表现即是，热情殆尽，麻木以对。

人需要某些程度的安全感，同样需要某些程度的新鲜感。无论面对工作、生活还是婚姻。如果说安全感是达成合作关系的首要基础，那么，新鲜感就是保有热情的保鲜剂。人在安全感的基础上满足了新鲜感的需求，可以让团队合作更加持久。

第三，荣誉感——人都渴望被认同，得到荣誉是努力奋斗的精神动力。

每个人都希望得到别人的认可与肯定，每个人都希望获得尊重与尊敬。尤其在工作中，当一个人安全感和新鲜感的需求得到满足之后，会上升到更高层次的需求——获得荣誉感。

根据不同的需求对人物性格进行判断，对应其工作岗位，一般渴望满足生存需求、追求安全感的人多为普通员工；渴望生存需求得到满足，追求新鲜感的人多为入职时间较长的老员工；渴望在精神层面上获得满足，追求荣誉感的人多为团队领袖和公司骨干。

不同类型的人工作的动机不一样，追求也不一样。而根据人性建设团队，首先要明白团队中有哪种类型的人，他们通过工作渴望获得什么满足。普通员工的最大需求是安全感，因此领导者在建设团队的过程中，对应所做的所有工作都应该围绕着这个需求展开，最终的目的都是在满足成员的不同需求。比如在一次增员大会上，领导者演讲主要是为了吸引普通员工加入团队，那么演讲的内容就应该落实在如何帮助员工实现赚钱的愿望上；如果演讲是为了寻找合作伙伴或吸引优等人才，就要去研究这类人的内在需求。

在团队当中，当一个人的安全感和新鲜感得以满足，也许并不会持久地与公司一起发展。这也是为什么有些人加入公司，跟公司一起成长，在能力和职位得到提升之后选择跳槽到其他公司的原因之一。有些领导者没有注意到，随着团队成员的能力和职位的提升、收入的增加，这些人的欲望也在发生改变。从一开始渴望安全感到之后的新鲜感，到开始追求荣誉感，尤其是当荣誉感长时间得不到满足的情况下，自然会产生新的想法，于是跳槽到他认为能给予他荣誉的公司，继续发展。

实际上，社会上所有的人都有获得他人尊重的需要和欲望，即是一种对于能力、成就、地位、荣誉、赞赏等的欲望。并非只是特定的人有此需求，而是每个人都渴望于此。这就是为什么有些人在加入团队之后，跟公司一起发展，成为中流砥柱，最后晋升为团队领袖和公司骨干。

第四，爱与被爱——原始欲望，团队壮大的根基。

人是群体动物，都渴望合作。人内心最原始的欲望是得到别人的爱与认可，与周围的人有所连接，而不是孤立地生存或孤单地做事。但因为受到社会环境等诸多因素的影响，一个人成长到一定程度，自然会走到一种相对孤独和不被理解的位置上。有句话叫"越伟大越孤独"。一个人境界越高，就会越孤单。而孤单的原因更多的是得不到别人的爱和认可。

当一个人内心当中最大的需求上升到爱与被爱的层面，也就意味着他在一定程度上超越了最基本的生存欲望。也就是说，在这个时候，他已经成长为一个具有领袖特质的人了。在团队当中，他扮演的不再是普通员工的角色，而是有信念、有理想、具有使命感的领袖型人物。

爱是团队壮大的根基。一个没有爱的团队，是不可能得到长足发展的。在团队当中，人们需要得到彼此的爱，获得身边人的支持与认可，如此才能携手而行，迎接挑战，共创未来。相反，如果一个人在团队当中感受不到爱，就会感觉到孤单。孤单会使人失去奋斗的动力，孤单会让人产生无助感和无力奋斗感。一个人很难孤单地在团队中生存。因此，在得不到爱和认可的情况下，最后的结果一定是选择离开。

卓越的领导者会让每一名团队成员感受到彼此的爱,尤其对于那些有更高层次需求的人,领导者会给予他们"特殊"的爱,并从心理上予以"供养",成为最懂他们的人,成为最关心他们的领导,促使他们产生强烈的使命感和强大的精神力量。

百度的领导者李彦宏一直致力于在公司中营造一个家的氛围,让在这里工作的员工仿佛置身于自己家里一样轻松愉快。而这种温馨的氛围也将员工们的创造性和积极性最大限度地激发了出来,使他们愿意并且乐于为自己的企业、自己的"家"奉献自己的力量,创造更大的价值。

每年年底的时候,李彦宏都会为员工们举办一场年会,让辛苦忙碌了一年的员工们能够轻松地聚在一起,聊聊天,看看节目,使他们的身心获得充分的放松和愉悦。员工们对这场年会的重视程度不亚于对中央电视台的春节联欢晚会的热切期盼。他们积极地参与到晚会的筹备工作中,很多员工为了这场晚会,甚至在过年的时候也坚持留在公司里。这个年会对于员工们来说就像是"充电",在欢声笑语中,过去一年的疲惫、劳累一扫而空,员工们以更加积极的精神面貌面对下一年的工作。

每年的年会都是在员工活动中心举行。李彦宏不希望自己的员工像机器人一样每天只知道工作,他认为良好的休息是高效率工作的充分保证,员工活动中心正是他为了丰富员工们的业务生活、让他们能够有一个条件好一点的活动场地而特意兴建的。

在这个员工活动中心里,除了一年一度的年会之外,每隔一两个星期,就会举办一些文娱活动,比如舞会等。不管是百度的员工还是员工家属,只要有兴趣,就可以免费参加。百度还为员工们聘请了专业的舞蹈指导老师来授课，教员工们秧歌舞、韵律操、健身操、江南小调以及各民族的民间舞等。员工们聚在这里，其乐融融，既可以一起翩翩起舞，展现自己美妙的舞姿，也可以尽情放歌，一展优美的歌喉。通过这样的活动，员工们更加团结了，朋友之间、同事之间的感情也得到了加深。

第五，成长——生活的主要需求，每个人都希望变得更好。

每个人内心都有成长的需要。越是优秀的人，渴望成长的欲望越强烈。大多数人找工作的时候，会关心一个问题，除了工资待遇之外，是否还有成长的机会和上升的空间。还有些人可能会在上述两者之间进行权衡。比如，有的人更看重报酬，有的人更看重学习和成长的机会。当然这跟一个人的年龄和能力无关，而是看他对自己的要求和对事业的态度。这也是考验一个人能否成为人才的重要因素。

一个有能力的人，必定是一个热爱学习的人。一个热爱学习的人，在工作当中更看重的是成长的机会。尤其在生存需求得到满足之后，希望加入公司或持续在公司有大发展是他们最需要的。因此，寻找机会发展的人，最大的需求之一就是希望在工作中获得成长的机会。

所有的优秀人才，不可能在一个得不到成长的平台上持续发展。因为，成长的需求度会决定他是走是留。如果公司的成长速度跟不上他个人的成长速度，会导致人才流失。事实证明，一些有能力、追求发展的人若感觉在工作岗位上得不到成长，遇到机会就会很容易跳槽。比如，有些老板创业之初团队骨干随他一起打拼的时候凝聚力超强，那时大家为了同一个目标不懈奋斗。几年之后，公司有所起色，逐渐步入相对稳定的状态，这个时候，如果老板放缓了发展的脚步，而某些团队骨干成员却想要获得更大的进步空间，那么他们自然会另谋高就。相反，如果老板一直都在成长，骨干跟不上公司的发展，那么他也可能会被公司淘汰。

越是有能力的人，越是能独当一面的人，对学习的要求也越高。从这个角度来看，假如你的团队人才流失或者是缺少人才，那么要考虑一下是不是因为你没能满足团队人员成长的这个需求呢？

玖龙纸业是世界最大的废纸环保造纸的现代化包装纸造纸集团，其创始人张茵一直把为员工提供成长空间作为自己的一个重要责任。玖龙纸业为每个员工、每个部门都搭建了统一的平台，为他们提供了平等竞争的机会。在这里，所有的员工都是平等的，只有职务的分工，没有位置的高低。他们所获得的机会也是公平的，只要你有能力，你就可以从一个普普通通的车间工人做到掌握企业生产大局的部门经理。

玖龙纸业给员工们提供了完善的晋升体系。张茵要求管理层从员工的性格、才能等实际情况入手，帮助每个员工设计一个科学而又有发展性的职业生涯，使他们在玖龙纸业能够获得多元化的发展空间，让他们在这里尽情施展自己的才华。通过这个晋升体系，玖龙纸业的人力资源得到了良好的配置，把合适的人才放到合适的位置上，实现了能力和职位的匹配。与此同时，员工们的工作积极性也被充分激发了出来，促使他们为企业发展贡献力量。

除了晋升体系，张茵还在玖龙纸业中建立了一个卓有成效的绩效考核机制。玖龙纸业的一切运营与管理都是以绩效为导向的，都是围绕绩效而展开的。员工们充分认识了绩效的重要性，在工作中主动而又积极地提高自己的效率，完善自己的工作方法，从而提高了玖龙纸业的总体管理效率。通过绩效考核机制，张茵还能够引导玖龙纸业对目标进行科学而有效的分解，然后对其进行一一落实，使玖龙纸业在最短的时间里迅速实现预期的战略目标。

在玖龙纸业的管理过程中，张茵始终坚持以"成长、发展、共赢"为一体的企业人才发展策略，在企业不断发展的同时，也为员工的成长提供了广阔的平台，将员工与企业紧紧地联系在一起。玖龙纸业为了帮助员工提升自己的个人价值和总体竞争实力，还采取了各种各样的措施，比如改善员工的工作和生活条件，为他们提供舒适的生活环境，积极推行以人为本的管理方法，在企业中完善沟通渠道，等等。这些措施不但能够提高员工对企业的满意度，而且也使他们对玖龙纸业产生了一种归属感。

除了为普通员工提供充分的发展空间之外，玖龙纸业对那些有能力的管理人才更是视若珍宝，鼓励他们最大限度地发挥自己的才能，创造更大的价值。张茵在玖龙纸业通过内部培养为主、外部引进为辅的策略，建立起了一个国际化的经营管理团队，在这里凝聚了具有丰富造纸技术经验的行业人才和丰富管理经验的专业人才。

说到这里也许有人会问，哪有老板不希望员工成长的？凡是想要发展团队的领导者，都明白要给员工提供上升空间。但问题是，老板提供了员工成长的机会，却不代表员工就一定能成长起来。为了激励员工成长，给员工升职加薪，老板制订了激励机制，可是有了激励机制，员工就一定会升职加薪吗？

人人都渴望成长，但并不是每个人都能够成功。每个人都有成长的需求，但为什么有的人能进步，有的人却总原地踏步？因为成长本身不会让人成功，真正可以让一个人走向成功的是他成长之后的改变。一个人每天都在学习，每天都有所成长，但是他如果不愿意做出改变，那么成长依然停留在"想"的层面，而没有落实在具体行动上。

在公司中，很多人都希望升职加薪，都有往上发展的想法，人人都知道更高的职位意味着更高的地位和更好的收入，但并不是每个人都可以实现自己的愿望。通过不断学习、不断提升自己，才有机会获得更大突破的道理人人都懂，但是真正愿意为此放下已有的东西去挑战未知的人却寥寥无几，这是人性的弱点，所以，很多人虽然都渴望生活有所改变，但是面对改变的同时所带来的风险和诸多不确定性的时候，他们往往很难迈出挑战这一步。举个例子。在我讲课的时候，来听课的人很多，有的人听了一次效果就立竿见影，团队迅速壮大；有的人反复听了很多次还是没有效果，团队依然松松垮垮，甚至有的团队始终建立不起来。课程内容是一样的，大家学到的东西也是一样的，重点是学了之后有没有做出改变。有的人真正改变了，因此哪怕他只是学会了其中一点，都可以创造出优秀的成果。有的人不去改变，即使笔记记了一大本，课程内容似乎都学会了，但没有应用于实践中，因此，也没有什么大的成绩。

成长是人生活中的主要需求，每个人都希望变得更好。一个团队想要吸引人才、留住人才，不可忽视团队成员渴望成长的需求。

第六，贡献——最高需求，贡献的意义在于帮助别人。

每个人内心深处都渴望去帮助别人，为社会创造价值。所有工作的最终目的都应该是贡献自己、成就他人。生命存在的意义在于超越自我，实现更有意义的人生。所以，人真正的快乐不在于得到什么，而在于贡献了多少。

贡献处于"人性金字塔"的最顶端，是人性六大需求的最高层级。通过剖析这六大需求，我们不难发现，一个人需求层次不同，投射到工作当中，他的工作需求也会不同。比如，只是追求安全感的人，往往都去做一些基础性的工作，是基层员工。而追求大贡献的人，几乎都从事着领导者的工作，是领袖级人物。需求层次的高低跟一个人的人生经历有关，与一个人的生活状态有关。我们不可能去要求一个渴望安全的人放下最大的需求去追求贡献，同样一个追求贡献的人也无法用安全的需求去满足他。

达到"人性金字塔"顶端的人，是境界很高的人。所谓境界很高，是指他们加入团队最大的需求是奉献自己、成就他人。这些人已经超越了物质需求，在安全感、新鲜感、荣誉感、爱与被爱、成长的需求得到满足的同时，其工作的最大动力已转变成帮助更多人实现梦想。这些人工作的目的不在于自己得到什么，而在于是否能帮助别人获得利益。

团队是由形形色色的人组成的。形形色色的人代表着不同层次的需求。面对以贡献为首要需求的人，吸引他加入团队，需要有比他的需求还大的梦想和格局。渴望此需求得到满足的人，之所以愿意支持你实现梦想，最重要的是在实现梦想的过程中，可以让他以他的方式对他人、对国家、对社会做出贡献。

所以，如果你是团队领导者、公司创始人，要想吸引具有贡献需求的人加入团队，首先要扩大并坚定自己的梦想和格局。在建设团队的过程中，领导者还需要引领大家为社会、为国家、为人民做出贡献，并通过自己的实际行动以身作则，去影响团队成员发掘内心当中的这个需求。这样做，对于个人成长会有极大的帮助。一个人无法付出本身没有的东西，对他人有所贡献的同时，实际上也是一个不断丰富自己的过程，尤其是无私的奉献，将给自己带来精神境界的提高和人性的升华。奉献者本身也是最大的受益者。一家具有奉献精神的企业，会是一个有责任、有使命、有未来的企业；一个具有奉献精神的团队，会是一个有梦想、有追求、有激情的团队。

一个企业能够使员工越高层次的需求得到满足，员工对企业的向心力就会越大，对企业就会越忠诚。当你把企业变成人才可以在这里展翅高飞的天空以及展示自己、成就事业的乐园的时候，他们才会对企业产生一种认同感和归属感，他们的心才会把你的企业当成是自己可以永久停驻的港湾，更甚至，他们还会把你的企业当成是他们的家，全心全意为之而拼搏、奉献。

找到痛点，终生追随

海旭说

领导者在带团队时要做的一件非常重要的事情，就是帮助员工远离痛苦，引导他们追求快乐。

在《西游记》中，最不希望团队解散的人是谁？是沙僧。孙悟空曾经两次离开队伍，猪八戒动不动就嚷嚷着要回到高老庄过自己逍遥快活的日子，他们似乎都不怕团队解散，只有沙僧，一直忠诚地跟随唐僧，西天取经不畏艰险，为什么？

要回答这个问题，我们先要看看沙僧是如何加入这个团队的。

沙僧原是玉皇大帝手下的卷帘大将，但他一不小心打碎了琉璃盏，玉皇大帝一气之下，把他逐出天界，被贬人间的他流落到了流沙河，成了妖怪。

猪八戒同样被贬，但他受的苦却没有沙僧多。沙僧被发配到流沙河，流沙河方圆40里寸草不生，河水冰冷刺骨，并且伸手不见五指，是个不折不扣的"鬼地方"。除了忍受孤寂，他每天还要遭飞剑穿胸百余下，沙僧的痛苦可想而知。

于是，他一直在等一个摆脱痛苦的机会，后来，他终于等到了。唐僧带着孙悟空、猪八戒来到流沙河，但沙僧不知道唐僧是为度化自己而来，反而把他们当成了敌人，一场恶战之后，他被孙悟空和猪八戒打败了。就在这时，观音菩萨来了。实际上，观音菩萨就是我们生命中梦想的化身，重要的时候就会出现。他对沙僧说，这就是你要等的西天取经的团队，如果你能保护唐僧取经成功，就可以重返天庭。如果不成功，你就只能留在这里，继续受苦。

听到观音菩萨这么说，沙僧当然毫不犹豫地加入唐僧团队。因为这能使他免受肉体的痛苦，这对他来说是非常重要的。所以，在取经团队中，沙僧是最不希望团队散伙的，因为他不想重新回到痛苦的生活中。

事实上，在现实的团队中，怀有沙僧这种想法的人是最多的。如果我们能找到像沙僧这样的人的痛点，就能让他不离不弃地追随我们，无论遇到什么艰难困苦，都与团队一起走下去。

每个人身上都有痛点，比如，很多人之所以加入我们的团队，是因为生活困难，需要赚钱养家糊口。当他加入团队后，温饱问题得到了解决，那他一定非常愿意在这个团队中继续奋斗下去。

领导者在带团队时要做的一件非常重要的事情，就是帮助员工远离痛苦，引导他们追求快乐。只要我们能做到这一点，这个人就不会离开团队。

所以，你是否了解你的员工真正的痛点是什么？是否找到了那些让员工们无法离开的痛点？在搭建团队的过程中，如果我们能找到员工最大的痛点，帮助他们解决这个痛点，一定能使他们终生感恩于我们的团队，忠诚于我们，为团队的发展贡献自己的全部力量。

感悟箴言

在纵生销售集团的发展过程中，曾经有这样一件事：

纵生销售集团在河北有一个机构的负责人，在加入我们的团队之前，投资了很多P2P理财产品。我们都知道，这一类融资项目很多都是骗局，但总有人上当受骗，这位员工就是如此。当时，他帮别人融资，得到了很多回报，于是他就劝说自己的亲戚朋友全都投资这个项目。很多人因此动心，把自己的全部家当都投了进去，有些农民甚至把自己辛辛苦苦养猪、养鸡的钱都拿出来给了他。大家都是怀着赚钱的心理才把钱托付给他的，结果两年后，他的上级拿着钱跑路了，那些血本无归的老百姓于是就找他要钱。他自己的钱也全都赔了进去，已经拿不出一分钱了，于是，大家就把他告上了法庭。后来他被抓了起来，他的家人变卖了所有的房产、汽车，仍然还不上，还差几百万。

最后，他的家人走投无路，找到了我，跪在我面前痛哭流涕，希望我能借钱，把他救出来。我知道这个钱大概是有借无还的，一是因为他没有这么强的赚钱能力，二是因为他还欠着很多外债，所以很犹豫。那天晚上，我一夜无眠，最后我还决定借钱，救人一命，胜造七级浮屠。第二天，我把钱交给他们，说，赶紧把人救出来，以后好好工作，争取早点把被骗的人的钱还上。

这个人被释放了之后，一直跟着我，工作起来非常拼命。也有人想挖他到自己的团队，但他总是毫不犹豫地拒绝。类似的事情在我们团队发生过很多，我们公司的很多元老，无论家里遇到了什么样的难关，我都会尽自己最大努力去帮忙。我带领他们从一无所有做到了今天的成就，让他们过上了幸福的生活，这些都是使他们一直忠诚地追随于我的原因。

团队自我品牌的打造

海旭说

好的品牌,带来的是好的口碑、人脉和信任,而基于这些口碑、人脉和信任,你会得到更多的理解、支持和机会。

如果你想喝可乐,就会想:"买可口可乐,还是百事可乐?"如果你要买手机,有人会建议你:"买苹果吧!"当然,你可能有自己的看法:"华为的手机也不错。"需要换车的时候,奥迪、宝马、奔驰、大众、别克……这些汽车品牌就会自动跳出来。这就是品牌的力量。

品牌是给拥有者带来享受、不断产生附加值的一种无形资产,对于个人来说同样如此。人也是如此。美国管理学家汤姆·彼得斯有一句被广为引用的话:21世纪的生存法则,就是建立个人品牌。

说到这里,有这样一个令人深思的故事。

有一位年事已高的木匠,准备退休安度晚年了。他告诉老板,自己年纪大了,不想再盖房子了,想和自己的老伴去享受生活了。虽然他十分留恋这份工作带来的收入，但工作实在是太累了，再说，即使没有这笔钱，他们的生活也过得去。

看到这个手艺精湛的工人要离开自己，老板非常不舍。他问那位老木匠，能不能再建一栋房子，就算是看在多年的交情上，给他个人帮忙。老木匠答应了。但是，他的心早就已经不在工作上了，因此，虽然他还在按部就班地工作，用的却全是软料、次料，干的全是粗活，所以房子建造的非常粗糙，工艺做得更是马马虎虎。

终于，老木匠完成了"最后一栋房子"，请老板来验收。老板来了以后，看都没看房子，就递给老木匠一把钥匙，对他说："这是你的房子，是我送给你的礼物！"

老木匠惊讶不已，同时也羞愧得无地自容。事到如今，返工已经不可能了，如果他早知道是在给自己建房子，又怎么会如此偷工减料呢？他一定会用最好的材料、最棒的工艺，然而现在，这栋房子却被建成了"豆腐渣工程"！一切都已经来不及了，现在他不得不住在一幢粗制滥造的房子里。

其实，我们每一天都在书写着自己的人生，我们就是那位老木匠。你今天做事的态度和所做的选择，就像是我们钉的每一颗钉子、放的每一块木板、垒的每一面墙，最终筑成的是我们明天要住的"房子"。我们在建造的，正是我们的品牌。

所谓品牌，是你给予他人的一种清晰的、强有力的形象，别人一想到你，这种形象就会浮现在他们脑海中。优秀的品牌是你的公众标志，也是你的信誉所在，它体现了你在别人心目中的价值、能力及作用，是你的第二个自我，影响着别人对你的看法，把别人对你的看法变成机会。打造品牌，就是将你的能力、个性以及独特品质融为一体，并最大限度地发挥自己的影响，把别人对你的看法变成机会。

在这个竞争越来越激烈的时代，个体的价值被认知比什么都重要。对于团队长来说，要想吸引更多的人才加入团队，要想带领团队走向成功，需要建立有自己鲜明个性的"品牌"。

建立并经营好自己的品牌，是事业上谋求发展的重要基础——好的品牌，带来的是好的口碑、人脉和信任，而基于这些口碑、人脉和信任，你会得到更多的理解、支持和机会，你就容易成功；然后你的品牌又得到强化……如此良性循环。

个人品牌与产品品牌有相似之处，产品品牌最核心的东西是质量保障，而对个人品牌来说，最重要的就是品质保障。这种品质保障主要体现在两个方面，一方面是个人业务技能上的高品质，另一方面是人品质量，也就是不但要有聪明才智，更要有充足的道德感。一个人，如果只是工作能力强，而道德水平不高，也是不可能建立备受认可的个人品牌的。

任何产品或企业的品牌都不是自封的，都是需要经过各方面的考验、认可才能最终形成的。对个人品牌来说也是如此，需要经过长期的积累，才能被人们所接受、承认。在这个过程中，千万不要因为一时的成功而放松对自己的要求，要知道，千里之堤毁于蚁穴，个人品牌的建立并不容易，但是要破坏它却只是一瞬之间的事。

个人品牌一旦形成，就具有了像可口可乐、联想等名牌的魅力。在人们的眼中，你的品牌就是你的身价，如果你的品牌被人们所认可，就等于"栽得梧桐树"，一定会"引来金凤凰"，吸引源源不断的人才追随你，与你一起为企业的未来发展而努力。

统一价值观，打造凝聚力

> **海旭说**
>
> 可以要"志同"而"道不同"的人，但不要"道同"而"志不同"的人。

海尔集团的CEO张瑞敏曾经说过："企业发展的灵魂是企业文化，而企业文化最核心的内容应该是企业的价值观。"对于一个企业而言，价值观是最宝贵的一种无形资产，并且一直在不断地为企业创造着新的价值。

20世纪90年代初期，《基业长青》的作者吉姆·柯林斯曾经在斯坦福大学管理研究所开一门课，叫企业家精神。在第一堂课上，他把一家公司的创业团队在1937年创业时候的会议记录拿了出来，让这些读MBA的学生仔细阅读他们的创业计划，评价其优缺点，并以10分为准，为这家公司的创业计划打分。结果学生给的平均分数是3分。

学生们普遍评价这家公司"缺乏产品策略，缺乏专注力，缺乏清楚的目标市场，没有远大的愿景，没有颠覆性的技术及商业模式"，这根本不是一份好的商业计划书。

在听完学生的评价后，柯林斯告诉学生们，这份计划书就是惠普公司的两位创始人写的。顿时，课堂一片死寂，学生们都惊呆了。慢慢地，学生有了反应："这和我们在MBA学到的观点完全不同啊！"

柯林斯说："结果证明，惠普公司是一家伟大的企业，他们两位创始人确实有一些伟大的创意，你们再研究一下，他们伟大的创意是什么？"

经过一段时间的再次讨论，终于有学生说出了重点。两位创始人的伟大创意并不是产品、技术或商业模式，他们最伟大的创意及想法，是惠普的价值观——我们信任并尊重个人，我们以正直的精神经营企业，透过团队合作，达成共同目标，我们鼓励灵活性及创意。这就是著名的"惠普之道"。

惠普能够历经多次变革而持续发展，就是因为企业家在创业之初就定下的价值观，让一代代的惠普人共赴理想、共担使命，这是比企业的具体战略和决策更加重要的东西。共同的价值观和使命是一家企业持久传承的灵魂，这让企业有了牢固的根基，从而获得更长久的生命力。

企业的价值观是企业文化的精髓，具有十分巨大的能量，这种能量能够渗透到企业的目标、政策、战略、日常管理以及一切活动当中，能够反映到每个部门、每个员工以及每个产品上，甚至还能够辐射到企业的外部。只有在企业中建立起共同的价值观，才能够激发全体员工的责任感、荣誉感、工作热情以及创新精神，由表及里地约束、引导和激励着全体员工的行为乃至整个企业的行为，充分发挥企业文化的力量，为企业带来巨大的收益。

企业的价值观不在多而在精，正是在价值观的指引之下，这些世界知名的企业才能够取得今天的辉煌成就，可见，价值观对于企业的作用是多么重要。纵生销售集团能够发展到今天，也是因为我们有一个统一的价值观——"通过我们的努力，改变中国传统行业的营销模式！通过我们的付出，让中国每一个家庭都能过上幸福生活！"我们为这个价值观付出了我们全部的努力。

企业的价值观看上去似乎是"虚"的，实际上却是"实"的，它是为了实现企业的使命而提炼出来的观念，并在企业内部加以倡导，指导企业员工的共同行为；它始终深藏在员工心中，直接影响着员工的行为。

IBM公司大中华区首席执行总裁钱大群，曾经对IBM所经历的三个企业价值观时代进行过总结。

在IBM的创始家族沃森那里，他们用三句话把IBM的员工凝聚在了一起。

在20世纪中期，"尊重个人、追求卓越、服务顾客"成为IBM的基本信仰。当时正处于大型机时代。IBM主要是依靠大型主机技术方面的领先技术、产品，以及服务人员的专业技能来赢得客户。那时还没有通用型计算机，每台计算机都是独一无二的，连操作系统和应用软件都是单独编写的。每个客户的系统都不一样，而他们的服务人员也是相对长期和固定的。在这样的市场状况下，具有专业技能和应用经验的员工无疑是公司最可宝贵的。公司要在市场上具有竞争力就必须保持大量优秀人员的稳定。"尊重个人"得到了充分且完美地演绎。用现在人的眼光来看，那时的IBM真是"大锅饭"的天堂，福利待遇好得出奇。其实在我看来，是否"大锅饭"并不重要，重要的是一种适合公司所处市场特点，能够帮助公司保持并促进核心竞争力的措施就是好措施。"尊重个人、追求卓越、服务顾客"是最适合当时状况的，而事实也证明了一个正确有效的企业价值观的作用是巨大的。IBM正是在这三句话的激励下高挂云帆，成为世界计算机技术发展的领航企业，达到了大型计算机时代的巅峰。

到了20世纪末，世界的科技潮流变了。通用计算机小型机和个人电脑的兴起使得计算机市场迅速扩展，客户类型变得复杂多样了，客户也有了更多的选择。计算机行业逐渐从卖方市场进入买方市场，仅仅依靠产品技术和人员的资历已经不能赢得客户的欢心了。这次，IBM的动作慢了。由于对市场的误判，IBM开始走下坡路，并且其长久以来所信奉的基本信仰的负面影响也日益显露，比如精益求精反而成了对技术的固执，造成决策缓慢，甚至决策流产，过分相信自己的行业经验等。

专家使IBM忽略了对客户需求变化的关注，失去了敏锐的市场适应力；尊重个人则使公司失去了优胜劣汰的选拔机制，或者无法贯彻公司的决定。而这时候，路易斯·郭士纳临危受命。郭士纳对IBM进行了一系列业务和管理制度的改革与调整，成功地实现了从生产型企业向同时出售硬件、网络及软件整体解决方案的供应商的转型，重新塑造了IBM的竞争力。

今天的IBM，是一个时时刻刻都在思考创新的企业，不但在自己的企业内部创新，而且还联合全球不同行业的专家、学者和官员们协作创新；IBM提供给客户的不是单纯的软硬件产品或解决方案，而是应用了产品和服务之后，客户竞争力的增强；IBM也不仅仅关注自身企业的发展，而是关注如何与各国政府和企业一起协同合作、共谋发展。

简单地说，今天的IBM，所"出售"的并不是看得见、摸得着的IT产品，而是着眼于用IBM的种种优势（这些优势包括产品、技术、服务以及IBM在商业和各行各业积累的敏锐洞察力和经验）能够给客户带来什么样的价值。这种价值多种多样，可能是政府在民众心中的形象提升，可能是企业业务模式的顺利转型，可能是科研单位更有效地利用资源，可能是帮助公司降低内耗，提高管理能力等。这些无疑比以前IBM所出售的"产品"都复杂得多。

2003年，IBM在全球展开了72小时的即兴大讨论，32万名员工一起在网上探讨什么是IBM的核心价值，怎样才能让公司运作得更好。讨论的结果是，员工们一致认为"创新为要""成就客户"和"诚信负责"是对IBM现在和未来最为重要的三个要素，于是顺理成章地，这三个要素上升为IBM的价值观。IBM希望成为一个全员创新的公司，成为客户首选的创新伙伴；希望通过努力，不仅是IBM自己获得成功，更重要的是帮助客户取得成功；最后，"诚信负责"，则是IBM无论在哪个国家和地区，都能成为当地国家资产的一部分，成为政府和客户最值得信任伙伴的关键。

不同的时代，IBM的价值观都在适时而变，而且总能对企业的业务产生巨大的推动作用。

领导者如果能够深刻领会价值观的力量，并且在团队中统一价值观，就一定能够在企业内部创造出与众不同的企业文化，打造出无与伦比的凝聚力，为企业带来长久的竞争优势，使企业在日益复杂多变、竞争激烈的市场环境中立于不败之地。

那么，如何才能在团队中统一价值观？有一些共同的原则是必须遵循的。

第一，全体达成共识。

是否能在团队中统一价值观，关键在于团队成员的共识程度。只有全体达成共识，才能使领导者更有效地进行决策并推动其实施执行。因此，在统一价值观的过程中，应该注意全员的参与性，自始至终都要督促团队成员共同参与，形成整体互动，促进责任感的产生。在参与的过程中让员工体会到成就感、挫折感、温暖感、危机感等各种不同的感受，通过交流与融合，才能够逐渐形成大家都认同的价值准则。

第二，以员工为对象。

价值观培育是以员工为对象的，因此在构建过程中，领导者需要在团队中进行情感管理，以真诚的情感，与员工之间进行情感联系和思想沟通，激发员工的深层次的内在精神动力，在团队里形成和谐融洽的工作氛围。与此同时，还要从员工进厂到离开的各个环节都始终如一地进行思想工作。

第三，激励与约束。

统一价值观，应该以促进员工为了企业最高目标而努力为落脚点。美国哈佛大学的研究发现，在一个缺乏激励和约束的环境里，员工的潜力得不到充分发挥，甚至只能发挥出 20%~30%；然而，在充满激励与约束的环境中，同样的员工却能够发挥出其潜力的 80%~90%。因此，培育价值观的关键是建立激励与约束机制。

在建立激励与约束机制的时候，需要注意的是，要对激励的方式进行细分，促进人力资本的开发，因材施教，对员工因势利导。激励和约束虽然手段不同，希望达到的目的却是一样的，在实施的过程中，必须保证激励达到积极的效果，使约束力度大于获利力度。因此，在培育企业价值观的过程中，要加大激励与约束机制的执行力，旗帜鲜明地表达提倡与反对的态度。

价值观的统一，是一个潜移默化的过程，非一朝一夕之功，更不可能一蹴而就。领导者应该通过各项工作精心加以培育，以协调的内部机制相互促进，要遵从生命力发育与使用的内在规律，既不可过度滥用和持续消耗，又不能此消彼长相互抵消，使之有休养生息的余地，形成旺盛的发展势头，为企业深化改革和持续发展保持强劲的支撑力。

第四章
入骨三分看人才——识人

第五章
培养人才的梯队——育人

识人就是要洞察人性

> **海旭说**
> 从"管理人数"到"管理人性",就是一个从复杂回归到简单的过程。

带团队,其实就是在带人。带人,首先必须要明白一点:你带的是什么样的人?也就是识人。

对于建设团队的人来说,带人一般有两个层级,第一个层级是管理人数。在一个团队当中,人是形形色色的,每个人受到的教育不同,想法和习惯都不一样,所以如果从这个层级来打造团队,问题会相对复杂。

比如,一个人决定创业,开始组建团队,一开始团队里只有几个人的时候,他有能力管好这几个人,可是当公司越做越大,有更多的人加入团队,这时领导者就会发现,若还是用以前的管理方式去打造团队是行不通的——即公司想要发展必须扩大团队,但是往往团队人数越多自己反而越累、越痛苦。

还有一个层级,以这个层级为出发点,我们会看到,一些成功的企业、优秀的团队领导者也是在"管人",但是他们跟前面的领导者不同，他们不是在"管理人数"，而是在"管理人性"。

所以相互一对比我们就会发现，那些成功的企业越做越大，在很短的时间内倍增团队几十倍甚至是几百倍，最为关键的一点是，团队的领导者非常懂得如何去洞察人性。所以尽管团队人数不断增加，但在打造团队这件事情上，并没有发生本质上的变化，所有发展都是在有序地进行，老板不必像给员工打工一样日夜操劳，团队依然会不断壮大和发展。

从通常的思维来看，人多肯定比人少难管理。面对10个人的团队和100个人的团队，在管理的时候一定是有区别的。但是如果你能够学会把"复杂的问题简单化"，了解其中的奥秘，管理就可以从复杂回归到简单。而我们所讲到的从"管理人数"到"管理人性"，就是一个从复杂回归到简单的过程。

虽然每个人的想法和习惯不同，但人的原始本性都是一样的。比如说有些人希望多歇着，有些人喜欢被认同，有些人渴望成功，有些人希望得到爱。从心理学的角度分析，每个人的习惯、秉性都不一样，但有一些共通点。所以，如果我们能够从人性这个角度去"识人"，那么在打造团队的时候，无论面对多少人，我们都能巧妙运用，从人性的角度去搭建团队和管理团队，使人尽其才。

人才是团队的第一资源，人才对于一家企业来说非常重要，甚至能够直接决定企业的成败。在这里，我们可以借用宝洁公司的一个信条：如果你把我们的资金、厂房及品牌留下，把所有的人带走，我们的公司会垮掉。但是，如果你拿走我们的资金厂房及品牌，留下我们的人，只用10年的时间，我们就可以重建一切。而在众多人才中依然出类拔萃的一小部分核心人才，更是成了企业最宝贵的资源，是"兵家必争之地"。

那么，怎么识别企业的核心人才？所谓核心人才，指的是那些在企业的发展过程中通过其出色的专业素质和优秀的职业操守，为企业做出或者正在做出卓越贡献的员工，或者说是因为他们的存在而弥补了企业发展过程中的某些空缺或者不足的员工。

很多世界知名企业都非常重视核心人才，它们对核心人才的定义也各有不同。

1.IBM——高绩效。

IBM需要的是"高绩效"的人才，IBM的"高绩效"文化主要包括三个方面：第一个方面叫作"win"，就是核心人才必须抱有必胜的决心。第二个方面叫作"execution"，就是要具备又快又好的执行能力。第三个方面是"team"，就是要具备团队精神。

2.诺基亚——软硬件兼备。

诺基亚的核心人才必须软硬件兼备，软件指的是沟通能力、创新能力以及灵活性等，通常由人力资源部门进行考察，硬件指的是专业水平、业务能力以及技术背景，通常由业务部门的执行经理来考察。

3.西门子——企业家类型的人物。

在西门子，核心人才指的是"企业家类型的人物"，他们对未来的"企业家们"的基本要求是：良好的考试成绩、丰富的语言知识、广泛的兴趣、强烈的好奇心、有改进工作的愿望，以及在紧急情况下的冷静沉着和坚毅顽强。

4. 朗讯——GROWS标准。

朗讯的核心人才必须符合"GROWS"标准，所谓"GROWS"包括以下五个方面：G代表全球增长观念，R代表注重结果，O代表关注客户和竞争对手，W代表开放和多元化的工作场所，S代表速度。

5. 壳牌——CAR潜质。

壳牌的核心人才应该符合"CAR"标准，也就是：首先应该具备分析力(Capacity)，能够迅速分析数据和学习，在信息不完整和不清晰的情况下能确定主要议题，分析外部环境的约束，分析潜在影响和联系，在复杂的环境中和局势不明的情况下能提出创造性的解决方案；其次应该具备成就力(Achievement)，给自己和他人有挑战性的目标，能出成果，敢拼，百折不挠，能够权衡轻重缓急和不断变化的要求。最后是应该具有关系力(Relation)，要尊重不同背景的人提出的意见并主动寻求这种意见，表现诚实和正直，有能力感染和激励他人，坦率、直接和清晰地沟通，建立富有成效的工作关系。

随着现代社会的不断发展以及职业结构的更新，如今的企业对核心人才的能力要求越来越高。现在企业所需要的核心人才，已经不再是单纯的技术骨干，也不只是精通领导艺术的专家，而是精通的专业技术和卓越的管理能力兼具的复合型人才。

练就识别核心人才的慧眼

> **海旭说**
> 企业的竞争即是人才的竞争。

作为团队领导,应该练就一双识别核心人才的慧眼。简单来说,核心人才应该具有以下几部分能力。

<u>专业素养</u>。核心人才应该是某一方面的专家,具有过硬的技术或者业务能力,能够及时发现并妥善解决实际工作中遇到的各种问题。没有过硬的专业技能或者只会纸上谈兵的人很快就会被竞争激烈的市场淘汰。

<u>战略规划能力</u>。真正的人才,还要能够从宏观大局出发,站在企业战略的高度制订企业的政策方针、开拓市场、分配任务、协调各级关系、设置工作流程等,这都需要高标准的战略规划能力。

<u>信息收集与分析能力</u>。要时刻关注市场和客户动向,善于从那些毫不起眼的信息中发现价值,并对搜集到的信息进行分析和处理,把有价值的信息转化为生产力。

<u>沟通与表达能力</u>。要懂得如何高效地传递信息、表达自己的思想,能够与上下级进行有效的交流和沟通。

执行能力。企业的核心人才还必须具有有效利用资源、保质保量达成目标的能力。执行能力是把企业的战略、目标转化成为利润、成果的关键。

在经济学中有个著名的"二八法则",这个法则在团队管理中也同样适用——20%的核心人才创造了企业80%的利润。所以,抓住这20%的核心人才,是领导者的一项重要任务。

那么,在纵生销售集团,什么样的人才是"核心人才"？我们有十个衡量标准。

1. 不忘初衷而虚心好学的人。

所谓初衷,即创造出优质的产品以满足社会、造福于社会。经常不忘初衷,又能够向别人学习的人,才是企业所需要的第一要件。

2. 不墨守成规而经常出新的人。

老板允许每一个人在坚持基本方针的基础之上,充分发挥自己的聪明才智,使每一个人都能够展现其自身特有的才华。同时,也要求上司能够给予部下一定的自由,使每一个人的才能发挥到极致。

3. 爱护公司,和公司成为一体的人。

在欧美人那里,当人们问及一个人他所从事的工作时,他的回答总是先说职业,后说公司；而优秀的老板则相反,总是先说公司,后说职业。所以要求自己的员工保持这种观念,要有公司意识,与公司甘苦与共。

4. 不自私而能为团体着想的人。

不仅培养个人的实力,而且要求把这种实力充分应用到团队上,形成合力。这样才能给公司带来朝气蓬勃的景象。

5.作出正确价值判断的人。

价值判断是包括多方面的。大而言之，有对人类的看法，小而言之，有对日常工作的看法。不能作出判断的人，实际上是一群乌合之众。这样的人，永远不会有多大的成就和作为。

6.有自主经营能力的人。

一个员工只是照着上面交代的去做事，以换取一月的薪水是不行的。每一个人都必须以预备成为老板的心态去做事。如果这样做了，在工作上肯定会有种种新发现，也会逐渐成长起来。

7.随时随地都是一个热忱的人。

热忱是一切的前提，事情的成功与否，往往是由做事情的决心和热忱的强弱决定的。碰到问题，如果有非要做成功的决心和热情，困难就会迎刃而解。

8.能够得体地支使上司的人。

所谓支使上司，也就是提出自己所负责工作的建议，促使上司首肯；或者对上司的指令等能够提出自己独到的见解和看法，促使上司修正。"如果公司里连一个支使上司的人也没有，那这个公司就糟了；如果有10个能够支使上司的人，那么公司就会有无穷的发展；如果有100个人能够支使上司，那就更不得了了。"

9.有责任意识的人。

不论在什么职位和什么岗位上的人，都必须自觉地意识到自己所担负的责任和义务。任何岗位上的员工，只有自觉地意识到自己的责任之后，才会激发出积极的自觉探索精神，产生圆满的工作效果。

10.有气概担当公司经营重任的人。

有能力、有气概担当公司重任的人,不仅需要有足够的经营常识,而且需要具备管理和经营一个公司的品质,这种品质则是以上各种能力的有机结合,不仅需要勇气、自信,而且还需要具备一种仁爱和献身的精神。

不过,因为核心人才通常会表现出一些独特的特点,比如离职意向不明显、主动性不强、对职业发展的谨慎规划、职业转换需求隐形化等,领导者在甄选核心人才的时候往往会遇到以下难题:对核心人才而言,复合性、深层次能力是其应具备的主要能力。而在短暂的甄选过程中,领导者很难找到适当的切入点对这些能力进行考察。核心人才通常经验比较丰富,已经形成成熟的为人处世风格,具有较强的主导性。因此,领导者在甄选的时候有可能被核心人才所引导,难以掌控局面。核心人才素质比较高,能够站在一定的高度看问题,这对领导者的经验与视野是一种挑战。

其实,企业对核心人才的甄选是一个相互匹配的过程,领导者应该把重点放在匹配度的考察上,从与企业的匹配度、与岗位的匹配度和与团队的匹配度三个方面进行考察。

第一,与企业的匹配度。

企业是所有员工的基本活动场所。核心人才是否认可、适应并融入企业环境是十分重要的。因此,领导者在考察核心人才的时候,要特别了解他的价值观是否能够与企业文化相适应。如果两者之间存在矛盾,即使核心人才的才能再出众也不可录用。

领导者还要考虑企业目前能提供的平台是否能够支持核心人

才的个人发展需要。如果核心人才希望获得充分的决策权,而企业的现实状况却无法满足其要求,这样也不能实现人才与企业的良好匹配。

此外,在不同的发展阶段,企业所需要的人才类型也有所差异。企业处于创业初期时,需要的是具有开拓力、成就动机强的核心人才;而当企业进入稳定发展阶段的时候,则需要那些思维缜密、创新能力强的核心人才。领导者应该根据企业不同发展阶段的特点对核心人才进行选择。

第二,与岗位的匹配度。

核心人才与岗位的匹配程度,是领导者在甄选时要考察的一个重要方面。除了通过笔试、面试等方式来考察核心人才的技能素质、工作经验是否能够满足岗位需求外,核心人才的职业倾向与岗位之间的匹配程度也是一个十分重要的因素。

职业锚是判断人才与岗位匹配度的一种有效工具。所谓"职业锚"简单来说就是人们在进行职业选择的时候所围绕的重心,是指当一个人在必须做出选择的时候,无论如何都不会放弃的职业中的关键点或价值观。从职业锚的角度看,核心人才的职业倾向主要分为以下几种类型。

管理型。对于管理型的核心人才来说,具体的技术工作只是走向管理层的一条途径。这类人才对管理有着浓厚兴趣,愿意承担管理责任,他们可以独当一面,也拥有跨部门整合团队的力量,能够从整体企业战略的高度来考虑问题,把企业的经营成败视为己任。

技术型。这类人才尤为重视自身技能的不断提升,希望得到应用技能的机会。他们对自身能力的认可来自于其技术水平，为了获得专业领域的进步，他们通常不喜欢把精力花在其他事情上。对于这样的核心人才，领导者可以将其吸收为企业的技术专家，而不是要求他们从事管理工作。

稳定型。这类人才更为看重的是工作中的安全感。他们不喜欢面对挑战，希望有一个明朗而简单的职业发展前景。与发展机遇相比，他们更关心的是丰厚的薪酬收入，因为这能带给他们稳定的生活。稳定型的人才具有极高的忠诚度，能够高效完成自己的任务，但往往不会有创新的表现。

自主型。这类人才坚持自己的工作习惯，追求比较自由的工作方式，不喜欢组织的制约与限制，希望能够获得充分发挥个人能力的工作机会。对于这种类型的人才而言，自由与独立是最为重要的。领导者要想让这样的人才为企业所用，就要为他们创造宽松的工作环境。

创业型。这类人才拥有强烈的创业热情，敢于面对各种挑战与风险。然而对于创业型的核心人才来说，加入别人的公司进行工作只是一个跳板，是他们学习并积蓄力量的过程，等到时机成熟，他们会毫不犹豫地跳出公司去开创自己的事业。领导者可以在开拓性的岗位任用这种类型的人才，但要时刻注意其发展动向，尽量避免因为他们的离职而给企业带来损失。

除了职业倾向之外，领导者还需要考虑性格因素。不同的岗位需要不同性格的人去承担，比如质检工作不适合粗心的人，而销售岗位则需要拒绝畏畏缩缩、缺乏开拓精神的人。领导者在识别人才的时候要分析某个岗位需要的性格特质，然后考察候选人的性格是否匹配。

领导者通过对职业倾向与个人性格的分析、判断，充分了解核心人才的技能、兴趣以及价值观，把他们放到合适的工作岗位上去，从而实现企业和个人发展的双赢。

第三，与团队的匹配度。

核心人才通常是团队的中坚力量，因此，他们与团队的匹配度尤为重要。如果说与岗位的匹配度是人才进入企业的前提条件，那么与团队的兼容度就决定了人才是否能够持续为企业服务。领导者在甄选人才的时候，不仅要重视核心人才与岗位的匹配度，还要考虑核心人才与团队的契合度。

现在的企业文化都非常重视团队合作。一个人无论技能有多高，都要通过与他人配合来发挥自己的作用，只有相互配合才能获得良好的绩效，带领整个团队不断提升。

只选对的，合适的才是最好的

> **海旭说**
> 世界上没有无用的人，只有放错位置的人才，而将人才放错位置就是领导者的失误。

很多领导者在选人的时候都会走进这样一个误区：希望自己的团队能够网罗天下最优秀的人才，然而，最优秀的人才却未必是团队最需要的员工，也未必是能够为团队创造最大价值的员工。领导者要善于识人，要为你的团队挑选最合适的人，只有合适的才是最好的。正如"好钢要用在刀刃上"，也就是说，要把关键的东西用在关键的地方，它发挥的作用才会最大，人才也是如此。

《吕氏春秋》中有这样一个故事：晋平公在位时，南阳县缺少县令。于是，平公问大夫祁黄羊，谁担任这个职务合适。祁黄羊回答说："解狐可以。"平公听了很惊讶，说："解狐不是你的仇人吗？"祁黄羊正色答道："您是问我谁担任县令这一职务合适，并没有问我谁是我的仇人。"于是，平公派解狐去任职。果然，解狐任职后为民众做了许多实事、好事，受到南阳民众的拥护。

又有一回，国家需要增加一位管理军事的尉官，于是平公又请祁黄羊推荐。祁黄羊说："祁午合适。"平公好奇地问："祁午是你的儿子，难道你就不怕别人说闲话吗？"祁黄羊坦然答道："您是要我推荐管理军事的尉官的合适人选，没有问我儿子是谁。"平公接受了这个建议，派祁午担任管理军事的尉官的职务。结果祁午不负所望，干得非常出色。

这个典故后来被孔子总结为"外举不避仇，内举不避亲"，他认为祁黄羊的大公无私是值得人们称道的。但我却认为，祁黄羊用人成功之处在于，将合适的人放在了合适的位置上。

"把合适的人放在合适的位置上"是识人的一个重要原则，从这句话里我们能够提取出两方面的含义，一方面是要"量才用人"，另一方面要"因岗选人"。

"量才用人"指的是领导者要根据人才的实际情况、特点以及能力水平，把他放在最合适的岗位上。人才只有放在合适的位置上才能成为人才，天才就是摆对位置的人。姚明在篮球方面的造诣非常人所能及，刘翔在110米跨栏领域创造了一个又一个纪录，可是如果让姚明去跑110米跨栏，让刘翔去打篮球，恐怕他们就不会有今日的辉煌成就。

选人也是如此，不同的工作岗位，对人才有不同的要求；不同的人，对岗位也有不同的适应性。因此，量才用人，就要根据不同人才的素质能力，把他们安排到相应的岗位上。既要防止大材小用，浪费人才，也要防止小才大用，虚占其位，贻误事业。

阿里巴巴总裁马云曾提到这样一件事情：2000年的时候，阿里巴巴公司刚起步时犯过一次错误，就是尽量寻找并聘请"天才"员工，即那些所谓的MBA人才及跨国公司的副总裁等。因为马云曾经认为，能拿到MBA学历的人，一定是很优秀的人才。但在阿里巴巴所聘请的此类人才中，有些人的工作表现却不尽如人意。那时，阿里巴巴只有500万美元的运营资金，曾有个营销副总裁跟马云说："马云，这是下一年度营销的预算。"马云一看，就问道"什么？要1200万美元？我仅有500万美元。"而营销副总裁却回答马云说，"我做的计划从不低于1000万美元！"

后来，马云不止一次强调，在聘请员工的时候，应该找最适合公司发展的，而不一定非要找最"天才"的。他说："在你的公司还不够强大时却想要聘请高端人才，就好比将波音747的引擎放到拖拉机里。即使引擎放得进去，但要知道拖拉机是永远飞不起来的。我的建议就是寻找适当的人才，然后在他们身上投资，这样，只有他们成长起来了，你的公司才会一同成长发展。"

由此可见，人才，摆对位置是企业的资产，摆错位置就成了企业的负债。量才用人是领导者的一项必备技能，只有做到了这一点，才能最大限度地发挥员工的能力，使员工全身心地投入到工作中。

"因岗选人"是指领导者在进行人员招聘和选拔的时候一定要根据岗位的要求去选择，也就是说需要什么样的人才就选择什么样的人才。在招募人才之前，一定要想清楚你的企业空缺的岗位是什么，然后根据岗位说明书来进行人才的选择，岗位说明书中已经对每一种工种都严格规定了所需的人员的数量和技能，因此，在招聘人才时，招聘计划和考核标准已经形成一定规范，既可以有的放矢，节省人力、财力和时间，也能有效地避免走弯路，吸纳那些最适合的人才到你的企业中来。

在企业中，领导者在进行因岗选人的时候还应该注意以下几点。

第一，要鉴别出战略人才，并以适当的方式对他们进行保留，这类人才的特点是，目前对企业发挥的作用可能较小，但随着企业的发展，他们的作用会越来越大。

第二，设立工作岗位的时候要有发展眼光，并且要根据实际情况对岗位说明书进行适当的调整。

第三，当人才出现流动的时候要特别关心离去的人员，这样一旦需要，他们还有可能会再回到企业，继续为企业效力。

量才用人、因岗选人，听起来似乎是一件轻而易举的事情，然而真正做到是很难的。领导者在选人的过程中稍有不慎或者受到自己的偏好或偏见的影响，就会产生一些偏差，导致的结果就是"把不合适的员工放在了不合适的岗位上"，造成工作难以开展或工作难度加大、人力资源浪费、人力资源成本提高等种种情况，不仅得不偿失，而且还浪费了大量时间、人力和财力。所以，在选人的时候，领导者一定要慎之又慎。

识人之长，更要容人之短

> **海旭说**
>
> 从短处中挖掘出长处，由善用人之长发展到善用人之短，这是识人艺术的精华所在。

一个领导者在用人时如果有"容人之短"的度量和"用人之长"的胆识，就能够"取其精华，去其糟粕"，就会找到帮助自己获取成功的人才，并使人才发挥出最大的作用。

在长江实业集团发展到一定规模时，李嘉诚敏锐地意识到：企业要发展，人才是关键。在企业的不同发展阶段需要有不同的管理和专业人才，而当时的李嘉诚所面临的"人才困境"是十分严重的。当时工人文化水平低，大多数只有小学文化程度，技术管理方面的人员更是奇缺，那些曾和他一起出生入死打天下的元老重臣的知识结构和专业水平达不到企业发展的要求，面对越来越激烈的商业竞争，要靠这样一支队伍创出佳绩显然是不可能的。

于是，李嘉诚克服重重阻力，劝退了一批创业之初与他一起打江山的忠心苦干的"难兄难弟",果断起用了一批年轻有为的专业人员,为集团的发展注入了新鲜血液。与此同时,他制订了若干用人措施,诸如:开办夜校培训在岗工人、选送有培养前途的年轻人出国深造。

在李嘉诚新组建的高层领导班子里,既有具有杰出金融头脑和非凡分析本领的财务专家,也有经营房地产的"老手",既有生气勃勃、年轻有为的港人,也有作风严谨善于谋断的外国人。从一定程度上说,李嘉诚今日能取得如此巨大的成就,他的集团能成为纵横东西的跨国集团,是和他回避了东方式家族化管理模式,大胆起用洋人分不开的。他起用的那些洋专家,在集团内部管理上把西方先进的企业管理经验带入长江集团,使之在经济的、科学的、高效益的条件下运作。这些洋人不但是李嘉诚接洽收购的先锋,而且是他集团进军西方市场的向导。其中杰出的代表人物是乔治·马格纳斯,他是长江实业集团董事局的重要人物,是一名现代企业管理大师,1970年代加入长江实业后一直追随李嘉诚左右,为"长江实业"的发展立下了卓越的功劳。另一名为李嘉诚十分器重的英国人是西蒙·默里,他是李嘉诚远征西方的代表。

在总结用人心得时,李嘉诚曾形象地说:"大部分的人都会有部分长处、部分短处,好像大象食量以斗计,蚂蚁一小勺便足够。各尽所能、各得所需,以量材而用为原则;又像一部机器,假如主要的机件需要用500匹马力去发动,次要的机件只需要半匹的马力去发动,虽然半匹马力与500匹相比是小得多,但也能发挥其一部分作用。"这一番话极为透彻地点出了用人之道的关键所在。

后来,还有很多的记者问李嘉诚,是如何在自己经营的十多个行业中都获得了辉煌的成就的?李嘉诚回答道:

"我从来没有跨行业经营，这么多年来我一直在做一件事，那就是经营人。"

虽然扬长与避短是选人过程中对立统一的两个方面，但扬长是起主导性作用的一个方面。因为一个人的长处最终决定了他的价值大小，能够支配构成人的价值的其他因素。因此，领导者要善于发挥人才的长处。扬长不仅可以避短、抑短、补短，而且更重要的是，通过扬长能够强化人的才干和能力，使人的才干和能力朝着所需要的方向不断地成长和发展。

那么，怎么才能识人之长？

第一，要"适位"。

领导者一定先要了解和弄清楚使用对象的特长是什么，这种特长适用于哪个领域，然后按照能人的特长进行区别任用，使他的工作岗位与自己的特长相符合。因人而用才能充分发挥人才的作用，千万不要削足适履，强求能人改变或放弃自己的特长，勉强去适应工作。善于用人的领导者总是能够针对能人的特长安排适宜的工作，分派适合的任务，以发挥他们的特长优势。

第二，要讲究时机。

任何人才的特长，都会随着时间、生理以及心理素质的变化而不断发生变化，有可能会表现得越来越出众，也有可能会逐渐衰退，最终"泯然于众人矣"，因此，作为领导者，要善于捕捉用人时机，抓住人才的最佳使用期，把人才的成长与企业的发展完美结合起来。与此同时，领导者还要善于利用人才在不同时期所表现出来的不同特长与优势，使人才在每个人生阶段都能够充分发挥自己的长处。

第三，短中见长而用之。

人的短处和长处之间并没有绝对的界限，许多短处之中可以蕴藏着长处。对一个人才来说，优势和劣势也许是天生的，但是，作为领导者就应该具备短中见长的慧眼，使之能够既显其能，又能避其短。

世界上没有完美的人，任何人都有其长处也有其短处。人之长处固然值得表扬，而从短处中挖掘出长处，由善用人之长发展到善用人之短，这是识人艺术的精华所在。

第五章
培养人才的梯队——育人

第六章
建设好团队的堤坝——留人

每培养了一个人，就培养了一个火种

海旭说

每培养一个人，就培养了一个火种，培养了一个生命力。

很多全球知名的大企业都非常重视员工的成长，并且把这当成是自己在激烈的市场竞争中战胜对手、取得优势所必须遵循的一个理念。"经营之神"松下幸之助曾经认真地问自己的下属："松下是做什么的"？有人回答说："松下是一家专门生产电器的企业"，按理说，这个答案十分标准，但松下幸之助却摇了摇头，说："松下主营人才，兼营电器。"正是因为对员工成长的关注，松下电器才会在短短几年的时间里跻身世界顶尖企业之列，而松下幸之助才会被媒体评为"最受欢迎的经营者"。

而与此有异曲同工之妙的是，美国《时代周刊》也曾经对IBM做出高度评价："在这个世界上，没有任何一家企业能够对世界产业乃至于人类的生活方式产生以及将要产生如此深远而巨大的影响力。"我们来看看IBM是如何看待员工的成长性的。

在竞争激烈的市场环境下，IBM始终处于蓬勃发展的状态之中，为了及时为组织补充新鲜的血液，弥补人才缺口，IBM经常需要引进新的员工。在招聘的时候，IBM对人才最重要的一个判断标准就是他是否具有巨大的发展潜力，是否会不断成长。在IBM看来，员工的成长潜力与其学习能力、适应能力以及发展空间是密切相关的，只有始终处于成长过程中的员工才能主动去学习新知识、关注技术的发展、适应不断变化的环境。

在IBM，如果一个员工向自己的上级要求加薪，可能需要经过一段时间的考核和评估以后才能得到许可，但是如果员工提出继续学习的要求，那么，马上就会得到批准。原因只有一个，学习有利于挖掘员工的成长潜能。为此，IBM还专门制定了学费报销计划，支持、鼓励员工去深造，去完善自己。

IBM为员工提供了足够多的成长机会，IBM的每个员工都有两条成长渠道——管理和专业，员工们可以根据自己的实际情况来自由选择。因此，他们会有广阔的空间来发展自己，挖掘自己的潜能。

正是因为IBM关注员工的发展，为员工的成长过程积极提供帮助，为他们提供足够的成长机会，让他们充分发挥自己的潜能，它才会发展成为一个在全球备受瞩目的商业帝国。

当然，员工的成长性是一种潜能，如果你帮助员工把这种潜能充分发挥出来，你会以最小的投入获得最大的回报——每培养一个人，就培养了一个火种，培养了一个生命力。然而，如果这种潜能被限制了，那么，即使再大的潜能，也只是一个零，没有什么价值。因此，如何育人、如何把璞玉雕琢成器，是团队领导需要特别关注的一个问题。

在我看来，育人应该从两方面做起，一是培育员工的专业技能，二是塑造员工的职业心态。

一个团队之所以高效，是因为拥有高效的员工。高效的员工往往具有很强的专业知识，能够凭借自己的专业知识解决工作中遇到的各种难题，帮助企业提高市场竞争力，赢得更多的利润。

然而，在现在大多数企业中，绝大部分的员工都是从自己的实际工作过程中来学习新知识、提高自己的专业水平的。这种方式并不是员工主动来汲取营养，而且效率也很低。

因此，作为团队领导，你必须帮助员工提高专业知识，扩大他们的专业知识领域，这样才能为企业的持续长久发展培养可用的人才。

培训员工的专业技能，需要重视以下几方面的内容。

第一，构建知识共享机制。

每个员工在长期的工作过程中都会获得很多经验、学到大量知识，然而，由于缺乏一个有效的共享机制，这些知识只是存储于员工的脑海中，得不到交流、更新，最终成为一潭死水。

因此，作为团队领导，你应该引导、鼓励员工进行知识共享，在企业中建立一个知识共享机制，以讨论会、小组交流等各种各样的方式为员工提供分享知识的平台。

西门子信息通信集团为员工建立了一个知识共享网。在这个知识共享网中，每一个员工都是专业知识的发布者，同样，也是知识的获得者。当员工为他人奉献了一个知识之后，就会得到更多的知识，收获远大于付出。同时，西门子还会对员工进行激励，他们专门制定了一个又一个质量保证和奖励计划，员工分享自己的知识就可以获得"知识股票"，当员工所拥有的"知识股票"到达一定的数量之后，就可以换取公司的特别奖励。

在此之前，西门子面临着种种"知识高墙"：由于权力的过度集中导致专业知识主要集中在集团总部，而底层的各个部门却总会被知识的匮乏所束缚。部门之间互不信任，更不会主动去与对方交流知识，导致业务效率低下。为了改变这种状态，西门子的领导者决定在西门子内部加强知识共享，打破知识藩篱。知识共享网的出现彻底解决了这个问题。

知识共享在团队内部形成了一种良好的氛围，当每个员工都乐于分享自己的知识的时候，他们所获得的专业知识是成倍增长的。当团队里专业知识的吸收与共享进入良性循环时，你就再也不必担心员工受专业知识的限制而无法为团队效力了。

第二，打造学习型团队。

把团队打造成为学习型团队，为员工提供并创造学习、交流的平台，是一种重要的手段，也是最根本的一种手段。一个人热爱学习也许不会有什么带动力，但是当一个团队都充满学习精神的时候，你就会发现，这种精神会潜移默化地影响着每个人，让团队中的每个员工都主动去学习，在这个过程中，员工们的思想不断交流、碰撞，智慧的火花时时能够迸发出来，专业知识也得到了提高。

简单的事情重复做，你就是专家；重复的事情快乐地做，你就是赢家。优秀的团队领导不但能够使自己的员工成为专家，还能使他们成为赢家。

员工的工作绩效，主要是由两个方面来决定的，一是心态，二是能力。也就是说，一个员工是不是愿意投入自己的时间、精力来把工作做好，以及他是不是懂得怎样才能把工作做好，直接决定了他的工作绩效。其中，最为关键的一个因素是心态。最快成功的方法就是把工作做到极致，而这需要职业心态的支撑。

《华为真相》一书里曾经记载过这样一个故事：1997年，刚刚走出清华校门的延俊华成为华为的一名员工。这个年轻气盛的小伙子并不像其他新员工一样处处谨慎小心，而是以审视的目光观察着华为的运营。经过严密的市场调查，他发现了华为当下存在的一些问题，对于华为的关切与热爱让他不吐不快，于是，一封洋洋洒洒数千字的信在他的笔下写就，这就是华为人所熟知的千里奔华为。在这封信里，延俊华还提出了一些中肯的建议。

华为总裁任正非读到这封信以后，称赞他是一个"会思考并热爱华为的人"，并决定提拔他为部门副经理。

与延俊华同一时期进入华为的人为数并不少，然而，他却是最早获得提升的。这正是因为延俊华真正具备职业心态，心系公司的发展前途，关心公司的未来命运，把自己当成是华为的一员，愿意与华为同舟共济。

一个具有职业心态的员工应该具备三个标准：专业、商业、职业。

随着时代的发展，客户、企业、社会都需要更专业的人才。所以，要培育员工的职业心态，团队领导应该首先培养员工的专业心态。专业是员工的"看家本事"。对于一个员工来说，专业是生存的底线，是作为合格员工最低的要求。而且，专业才能充分满足客户需求。员工更专业，才能更好地为客户提供产品和服务。从一定程度上来说，员工的专业精神直接决定了企业的发展。

员工还必须具备商业精神，这是源于信托责任。从股东到员工再到客户，是层层的信任与委托关系。正因为这样，员工的商业精神就显得十分重要。为此，团队领导应该帮助员工确立正确的观念：员工也是商人，职业化就要对结果负责，成就是交换的结果；所谓"拿人钱财，替人消灾"，既然成立了雇佣关系，凡事只要正当，即使不认同，也应该执行；服从规则是一种美德；接受检查是交换的前提。

敬业是员工的第二生命。具有敬业心态的员工，不但会对自己负责，而且也会对企业负责，他会把自己当成是企业的主人，心系企业的发展，主动为企业而奋斗，争取为企业创造出最大的价值。在培育员工职业心态的过程中，敬业的心态是重中之重。

员工职业心态的培育与工作技能的训练是截然不同的，要想使员工把职业心态当成是为人处世的一种习惯，必须要保持职业心态培育的长效性。因此，团队领导需要把这种心态培育的理念贯穿于企业日常工作的每个细节中，你可以清晰地为员工描绘企业的未来蓝图，使员工对企业的发展充满向往与憧憬，并且连接到自己工作的意义和价值，从而产生一种使命感。有了这种使命感，员工的职业心态自然会被激发出来。

建立五大培训机制，进行梯队建设

海旭说

壮大团队，"聚人"是前提，但"育人"才是关键。

团队一步步发展壮大，本身也是团队里的人不断获得改变的一个过程。只有团队里的人得到了培育，团队才会发生改变。为什么现在企业越来越注重培训，很多企业组织员工走出去学习，这都表明，企业的领导者已经认识到，未来团队的成功一定是人的成功，如何让团队成员成为一个有责任、有使命、有信念的人，是企业获得持久发展的重要因素。

人招进来了，就要让他尽快上"战场"，在"战场"中学习实践，在"战场"上提升自己的能力。能力不是学出来的，能力是干出来的，实践多才能育好人。为什么现在很多企业新员工入职之前要参加公司组织的各种培训，因为企业要用最短的时间训练培养员工吃苦耐劳的精神，最后留下来的人走上岗位才会有不错的表现。而一些分配到企业里的大学生，先到基层工作一两年，等适应工作岗位了再安排其他的工作，实践证明，这样不仅战斗力更强，提高能力的速度也更快。

在纵生销售集团，为了培育员工，让员工以最快的速度成长起来，我建立了五大培训机制。

第一个培训机制叫作"新人班"。凡是刚加入纵生销售集团的新人，都要参加新人班的培训。通过这个培训，他们就能从不懂销售、不懂产品的人，成为掌握一定营销技巧、对产品非常了解的人。

第二个培训机制叫作"衔接教育"。员工从"新人班"毕业之后，正式开始工作，但这时，他们只掌握了初步的技能，因此需要继续进行培训。这一时期，我们对他们进行的培训就是衔接教育，通过衔接教育，他们能学到更多的知识，掌握更多的营销技巧。衔接教育每个月开展一次，为期三天，目的是帮助员工尽快进入工作状态，尽快做出业绩来。

第三个培训机制叫作"主管训练班"。当员工的能力得到提升后，他也会有自己的下属，但这时，他并没有太多领导下属的能力。于是，我们需要对他们进行技能训练、口才训练，让他们成长为合格的主管。主管训练班每三个月开展一次，为期三天，为我们培养出了很多优秀的管理人才。

第四个培训机制叫作"讲师培训班"。讲师培训班每两个月开一次，为期七天，由我亲自担任培训师，培养的人才是团队中的精英、骨干，未来，他们会成为团队的带头人，在纵生销售集团内部打造出一支支优秀团队。

第五个培训机制叫作"组训培训班"。它的主要职能是组织、训练、教育培训班。组训培训班是纵生销售集团的"黄埔军校"，也是由我亲自担任培训师，为期三个月。我常说，讲师培训班教出来的是我的学生，但组训培训班教出来的是我的弟子。

这五大培训机制是环环相扣、层层递进的，通过这样的培训方式，纵生销售集团完成了梯队建设。

壮大团队，"聚人"是前提，但"育人"才是关键。团队需要个人能力，但是团队不提倡个人主义。有些团队看上去光鲜亮丽，但打不了胜仗；有些团队看上很普通，但拉出去所向披靡，根本原因就在于团队中的每个人都得到了培训，并且经过"排兵布阵"，形成了完善的人才梯队，从而发挥了团队的最大效能。

企业经营是人的经营，更是人才的经营。人才建设很重要，这已成为众多企业的共识。而人才的建设关键是做好人才梯队的建设，因为只有这样，企业才能够像人类延续生命一样永续经营下去。

善教者得天下

> **海旭说**
> 作为企业的老板、一个站在最高点看问题的人,一定要懂得员工的心理,然后真诚地与他沟通,让他真正地信服自己。

领导学中有一句非常有名的话:"一头绵羊带领一群狮子,敌不过一头狮子带领的一群绵羊。"领导者对于一个团队的作用是毋庸置疑的,不管是一个国家,还是一个企业,其发展前景都离不开领导人的自身素质。不过,打铁先要自身硬,领导的号召力和感染力,直接影响员工的积极性,影响团队的向心力。要提高感染力和号召力,首先应该提高自己的沟通能力、语言表达能力和演讲能力,以自身的言行、力量去影响、感染和带动整个团队。正如俗话所说:"要给人一瓢水,首先自己要有一缸水。"古今中外,很多优秀的领导者和管理者都是学识渊博。

林肯是美国最为出色的总统之一。他虽然没有受过什么正规教育,但是却十分热爱学习,尤其非常重视培养自己的演讲能力。为了练习自己的演讲能力,他经常长途跋涉几十里路去听别人的演说,还抓住一切机会练习演说,田野里、树林里、杂货店里,到处都能看到他的影子。他还加入了文学与辩论学会,希望获得更好的指导。

经过坚持不懈地努力之后,林肯终于成了一位出色的演说家。他当选为美国总统后,进行了一场精彩绝伦的就职演说,举国为之震惊。他的葛底斯堡演说更是名垂青史,声震寰宇。他只用了3分钟,就深刻地阐述了独立宣言所支持的"凡人生而平等"的原则,可谓振聋发聩:"87年前,我们的先辈们在这个大陆上创立了一个新国家,它孕育于自由之中,奉行一切人生来平等的原则。现在我们正从事一场伟大的内战,以考验这个国家,或者任何一个孕育于自由和奉行上述原则的国家是否能够长久存在下去。我们在这场战争中的一个伟大战场上集会。烈士们为使这个国家能够生存下去而献出了自己的生命,我们来到这里,是要把这个战场的一部分奉献给他们作为最后安息之所。我们这样做是完全应该而且是非常恰当的。但是,从更广泛的意义上来说,这块土地我们不能够奉献,不能够圣化,不能够神化。那些曾在这里战斗过的勇士们,活着的和去世的,已经把这块土地圣化了,这远不是我们微薄的力量所能增减的。我们今天在这里所说的话,全世界不大会注意,也不会长久地记住,但勇士们在这里所做过的事,全世界却永远不会忘记。毋宁说,倒是我们这些还活着的人,应该在这里把自己奉献于勇士们已经如此崇高地向前推进但尚未完成的事业。倒是我们应该在这里把自己奉献于仍然留在我们面前的伟大任务——我们要从这些光荣的死者身上汲取更多的献身精神,来完成他们已经完全彻底为之献身的事业;我们要在这里下定最大的决心,不让这些死者白白牺牲;我们要使国家在上帝保佑下得到自由的新生,要使这个民有、民治、民享的政府永世长存。"

杰出的语言表达能力和沟通技巧能帮助领导者获得成功,因为激发梦想、传递愿景、说服他人是所有卓越领导人的基本素质。

苹果创始人史蒂夫·乔布斯,就是一个极富个人魅力和天赋的演说家。他眼光独到地推销自己的观念,使潜在客户转变为忠诚的老客户,又将忠诚的老客户转变为新的福音传道者,通过口碑实现销售增长。

自从1984年苹果机问世以来,乔布斯一直不断地为观众带来令人叹为观止的精彩演讲。他在1984年演讲的内容,至今仍是美国历史上最激动人心的公司演讲之一。

但是,乔布斯并没有因此而满足,从1984年演讲以来,乔布斯一直在不断完善自己的演讲风格,因为他本身就是一个追求完美的人。对演讲的每个细节,乔布斯都花时间反复演练,每张幻灯片他都亲自做,他的每次演讲都给观众带来剧场般的体验。乔布斯的演讲看起来很轻松,毫不费力,但背后却经过了一次次的演练。每过十年,乔布斯的演讲都会有巨大的进步。2007年和2008年Macworld大会上的乔布斯已然成为一位非常完美的演讲者。他在Macworld大会上的主题演讲水平已经达到巅峰,他深深地吸引着观众,营造出很多辉煌的时刻。

乔布斯的演讲更像一部电影,包含了经典大片所必需的所有元素——英雄和反派，主角与配角，以及令人震撼的视觉效果。第一次现场体验乔布斯演讲的听众总是将之形容为一次非凡的人生体验。

在经营企业的过程中，我也不断地提升自己的演说能力。在我看来，手拿麦克风，是有权力和责任的。企业家应该成为员工的精神领袖，未来的企业领袖一定是精神领袖；而对于精神领袖来说，具备演讲能力是至关重要的，因为唯有这样才能把自己的思想以更好的方式传递和灌输给员工，让员工充分理解、接受企业的文化。当然，也并不是所有人都可以理解老板的思想，因为每个人所站的角度不同，所以得出的结果也难免会有差别。可需要注意的是，作为企业的老板、一个站在最高点看问题的人，一定要懂得员工的心理，然后真诚地与他沟通，让他真正地信服自己。

孟子说过："善政得民财，善教得民心。"但我认为，既善教又善政者才能得天下。在我看来，作为一个领袖，你首先得是一个演说家、是一个教育家、是一个思想家、是一个推动者，这样才能弘扬健康向上的企业文化，才能给员工精神上的支持和鼓励。

未来企业的竞争，必须要靠缜密的思维、良好的口才来凸显，如果领导者技术很高，但是口才不好，如何让员工来理解你？如何使员工同心？如何在谈判桌前说服客户跟你合作？如何战胜自己的竞争对手？

对于一个领导者，他演讲的能力并不是完全和口才成正比的，口才必须要有深厚的知识底蕴和对市场的把控能力做铺垫。也许，有的人口才很好，说起话来滔滔不绝，但是别人接收不到信息，这就不是一个好的演讲者。好的演讲者是当你说话时，能打动对方，能让对方采取行动，这才是真正的表达。很多人表达不好就是因为在沟通的时候没有双赢意识，只站在自己的角度，考虑自己的立场，他说出来的每一句话都是为了让自己好，而没有表达出为别人好的意思，所以他表达出来的内容就很难让人接受，更别说让别人采取行动了。

很多企业家之所以影响力不大，就是因为境界不够高，比如，他们所有的制度都是为了约束员工而制定；他们所有的出发点都是为了自己的利益，不顾员工的想法；他们就算演讲，也是在卖弄自己的口才，没有投入情感等。所以，很多企业的文化传承不好，表达能力不强，都是源于没有改变自己的思想高度和境界。

领导者在一个部门、一个团队，处于统领和指挥地位。要想更好地履行自己的职责，就要在其位谋其政，善于从积极的方面表现自己，影响下属。纵观古今中外的政治家、军事家、外交家、企业家，都是思维敏捷、口齿伶俐、善于表达的语言大师。

美国前总统尼克松曾经说过："凡是我所认识的重要领袖人物，几乎全都掌握一种正在失传的艺术，就是特别擅长与人作面对面的交谈。我认为这个共同点并非偶然。领导即说服，领导力即说服力。"解释、说服、激励、谈判……几乎所有的领导活动都离不开"说"，一个优秀的领导者必须做到"以其昏昏，使人昭昭"，这样才能更好地胜任领导职位。

亲自挂帅，培养人才

> **海旭说**
> 想要企业发展得快，老板必须"御驾亲征"。

关于培育人才和选拔接班人，稻盛和夫曾经总结过自己的经验："对公司内部具备潜在能力的人才，要由企业领导人亲自带领他们，让他们经历严酷的考验，通过现场严格的指导，将他们培养成非凡的人才。"

的确，一个领导者、管理者在努力充实自己的同时，还应该亲自挂帅，培养人才，努力把更多的员工训练成有用之人，以便日后让其独当一面。

通用公司堪称优秀CEO的摇篮。这家全球知名的跨国公司，业务遍及世界上100多个国家，拥有员工几十万人。通用公司非常重视人才培养，而且有其特色。

在中国，大部分企业的培训管理都是人力资源部门的事，而在通用公司，培训管理不仅是人力资源培训部门的职责，也是企业领导者要亲自去抓的重要工作。其实这个差别对人才培养的效果差别是非常大的，高层领导不但要为经理人员讲授课程，而且还要参与培训人员的选拔，这是通用公司培训文化的一大特点，也进一步显示出其领导者在行动上对人才理念的真诚实践。

通用公司的领导者杰克·韦尔奇在亲自授课方面更是身先士卒，他承担了四门课，几乎每周都要到克劳顿管理开发学院讲一次课，一讲就是几个小时。在21年中先后教了18000名经理人员。

不过，对于一个领导者而言，随着企业规模的不断扩大，势必要慢慢脱离一线，无法做到事必躬亲。这个矛盾该怎样化解呢？为此，我总结出了"三分之一"模式，即要把自己三分之一的时间放在一线，三分之一的时间用在培养中层干部上，三分之一的时间去跟更高层次的人去学习。这样对企业的长期发展会起到至关重要的作用。

在我看来，领导者对待自己企业的员工，既要像对待孩子又要像对待父母。当员工对某些事情不明白的时候，领导者要讲给他听，教会他们；在企业出现危机的时候，不要一味抱怨员工，要学会自己承担起责任，独自去面对一些问题。

很多企业有专门的培训老师或者是请人来培养人才，可如果在自己能力的范围内，培养人才最好不要借他人之手。

在中国，热爱学习的企业家很多，但是能够带上自己的员工一起去学习的企业家并不多。很多企业家抱怨下属跟不上自己的节奏，不理解自己所思所想，这时是不是应该问问自己：我有没有将自己的思想分享给下属，我有没有让自己的手下和自己共同成长？

如果领导者在与人交流、学习的时候，能够多带上几个骨干，和他们一起接收更高层次的知识，那么这些骨干就会成长很快。如果领导者和下属一起学习，然后回到企业后大家一起探讨、总结、交流学习的感受；这样，在集思广益的情况下，学习的成果就有可能就会达到百分之两百。

想让企业发展得快，老板必须"御驾亲征"。如果能够亲临一线去讲课，就一定要去，让更多工作在一线的员工知道老板的想法，知道老板未来想做什么。这个时候他们才会真正最快速地接受公司的文化，接受公司精神理念的洗礼，进而明确他们努力的方向和目标，与公司发展的步调保持一致。

约翰·麦克斯韦尔说："领导力的底线不在于我们自己能够走多远，而在于我们能够让别人走多远。"一个企业往往并不是真正缺少人才，而是缺少培养人才、挖掘人才的方法和体制。作为一个领导者，最重要的是培养出能在某一方面独当一面的优秀人才，这样企业才会做大，老板才会更轻松。

感悟箴言

在纵生销售集团，我一直坚持亲自授课，亲自"带徒弟"，在我看来，这是最好的育人方式。创业之初，我总是所有人中冲在最前面的一个。如今，公司的发展蒸蒸日上，不但做大了，也做强了，但我仍然亲自去培养员工。

每年，我都会抽出两个月的时间，放下工作，专门为员工进行封闭式培训，由我自己亲自带徒弟。这样做的好处，就是员工可以

"零距离"地接收到企业的思想，并且可以最大限度地将所学到的知识和方法有针对性地应用到工作当中去。

我在学习的时候，身边永远会跟随几个下属，我希望他们能够和我在同样的环境下成长，一起接收智慧，进而推动他们最大限度地跟上我的节奏。

在培养人才的过程中，我也难免会遇到一些问题，最常见的就是员工个人的悟性问题。遇到一些悟性不太强的员工，我总会比对待别人多花一些时间、多一些耐心。遇到一些比较有悟性的员工，我则会提前给他们机会。

有人曾经问我："刘总，你都是一个老总了，为什么还要讲课呢？"我告诉他们："克林顿、奥巴马都是总统了，他们还要进行公众演讲，身为一个企业领导者，为员工授课是应该的。"

立"标杆",以榜样的力量教化员工

海旭说

要求别人做的,自己首先做到;禁止别人做的,自己坚决不做。唯有如此,才能真正发挥领导的影响力!

唐太宗说:"以人为镜,可以明得失",榜样不仅是一面镜子,更是一面旗帜。领导者如果能在团队中树立一个标杆,用标杆的示范作用带动其他员工进步,团队的整体竞争力会得到大幅度提升。

标杆就是榜样。塑造榜样是为了给其他团队成员的行为提供参照,一旦榜样学习者将榜样确定为学习样板,他们的一言一行、一举一动都会向这个标杆看齐。榜样就像是茫茫大海里的一座灯塔,为员工指明了前进的方向,让他们不会迷失自己。所以,树标杆也被看作育人的有效措施之一。

树立标杆的方式之所以如此有效,从心理学上讲,主要原因有两个:

首先,每个人都有自尊,每个人都不肯屈居他人之下。因而标杆能对后进者产生心理上的压力,从而激励他前进。

其次，心理学研究表明，人是最有模仿性的生物，人的大部分行为是模仿行为，而榜样则是模仿行为发生的关键，它发挥着重要的示范激励作用。

不过，在团队中树立标杆也不是一件轻而易举的事，树立什么样的人作为标杆？他应该具有怎样的素质？员工们是否认同？……这些都是领导者要认真思考的问题。

发挥标杆的作用，用榜样的力量来激励员工，首先领导者要从自身开始做起，要让自己先成为员工的榜样。

李嘉诚的成功之处，就在于他把自己当成是员工们的榜样，不管是在何时何地都会以身作则。他经常在企业中说："如果我自己都没有把工作做好，那么我又有什么资格要求别人呢？"作为公司的董事会主席，李嘉诚并没有任何特权，他像一个普通员工一样，兢兢业业地工作，老老实实地遵守公司里的每一条规定。

为了减少毫无意义的会议，提高工作效率，李嘉诚要求主管们在召开会议的时候要尽可能地节约时间，每次会议最多不能超过45分钟，如果超出了这个时间就要马上停止会议，未尽事宜可以自己私下找时间来处理解决。这个规定刚出台的时候，很多员工都无法适应，会议的时间也很难得到掌控。

有一次，李嘉诚在公司里召开董事会，由于讨论十分热烈，大家都把时间限制忘到了脑后，很快，45分钟的时间就过去了。李嘉诚发现以后，立即决定结束会议。董事们提醒他这次会议涉及的事项十分紧急，希望能够因此而破例。但李嘉诚却说："我们都是公司里的高层管理者，员工们的眼睛都在看着我们，如果我们带头打破规矩，又怎么能要求员工遵守规矩呢？我们必须要给他们做出一个榜样。"

每天，李嘉诚总是第一个来到公司的人，也是最晚一个下班的人。走之前，他总是会对公司的每个地方进行一番检查，哪怕是员工们忘了关掉窗户，他也会帮他们关上。李嘉诚的这种工作态度让员工们十分敬佩，都以他为自己工作中的榜样，像他一样努力奋进。

如果一个领导者自己不先以"标杆"的标准来要求自己，那么，是不可能得到员工的信服的。领导者自己没做到的事情，要求员工去做，是难以实现的。因此我们发现，一些领导者在打造团队的时候，会每天向员工灌输"某种精神"，要求员工具有这种"精神"。然而，事实证明，短时间内员工也许会对这种精神认可，愿意去追求，但时间久了，当他们发现领导者并不是这种精神的代表人物——比如，领导者要求员工吃苦耐劳，但自己却不是一个真正吃苦耐劳的人，员工就会对领导者心生否定，不会心甘情愿地听从领导者，服从领导者，内部不团结，各自为政，使企业得不到发展。

在某种程度上，一家企业是否能获得持久的成功，要看员工有什么样的想法。我们发现，当一家企业员工对老板十分尊敬时，称其为自己的偶像、学习的榜样，这样的企业在未来更容易获得成功。为什么员工称自己的领导或老板是自己心中的偶像，企业会容易成功呢？从根源上说，员工认可领导或老板，不是因为领导或老板的财富和外表有什么特殊之处，而是因为他身上散发的独有的人格魅力，也就是他从内心所呈现出的某种精神。这种精神在团队成员心目中的位置十分重要，如同其对宝物的重视程度。

所以，当一个人深受某种精神影响的时候，他就会成为这种精神的"崇拜者"，成为这种精神忠实的"信徒"。如果领导者能够率先示范，全身心地投入到工作中，他的精神就会影响其下属，让大家都形成一种积极向上的态度，形成热情的工作氛围。可以说，领导者的榜样作用具有强大的感染力和影响力，是一种无声的示范，也是对员工最好的培训。

从创业的第一天开始，我就给自己制定了一个要求：以身作则，凡事都要成为员工的表率。在创业初期，很多人说我是一个"疯子"，同时我也带出了一批"疯子"。员工从来都不会当着我的面说累，因为我一定是最累的那个人，我一年365天中有360天是工作着的。

张瑞敏曾经说过这样一句话："管理者如果坐下了，那么员工就躺下了。"在团队中，领导者首先要让自己"站着"，才能要求员工在工作中努力奋发。一个领导者要做到：要求别人做的，自己首先做到；禁止别人做的，自己坚决不做。唯有如此，才能真正发挥领导的影响力！

当然，除了让自己成为员工的"标杆"，领导者还可以在员工中寻找榜样人物。以员工身边的人作为标杆人物，往往会对员工起到更加显著的激励作用。员工与他们之间的心理距离小，工作能力也没有太大的差距，而且朝夕相处，对他们成功的过程了如指掌，更容易使他们产生追赶他们的勇气和信心。尤其是当新员工加入企业之后，他们会自觉或者不自觉地学习老员工们的工作方法、工作态度等。树立公司内部的榜样人物，既能够促使老员工提高自己的素质，优化工作态度，也可以让新员工受到良好的教化作用，可以说是一举两得。

我们所选择的标杆人物可能是业绩比他人出色的卓越员工，也可能是在平凡的岗位上兢兢业业把工作做得尽善尽美的普通员工，但不管是什么类型的员工，总会有他们在工作中的优秀之处。让他们来给其他员工作报告，与员工们进行深入的交流，他们所起到的榜样效果将会更加显著。一方面，这对于标杆人物来说是一种肯定，对他自己也会起到激励作用。另一方面，其他员工也会深受鼓舞，向他学习。

感悟箴言

为了尽快培养团队成员，我每天都全力以赴投入到培训工作中。有一次，我连续三天站在讲台上为员工们讲课，经常到了晚上十点钟，会场里的灯还亮着，我还在讲台上为大家讲课。为了让自己达到最佳的讲课状态，在这三天里，我没吃一口饭，只是吃了些水果。

有一天的课程一直临近晚上11点才结束，学员们都很疲惫了，他们一边整理听课笔记，一边讲着自己的收获。这时，一位年纪稍大一点的女士从座位上慢慢站了起来，可能是这几天的高强度培训让她的身体有些吃不消，她晃了晃腰，说道："哎哟！这一天下来，腰都要断了，真是太……"话还没说完，她扭过身看见我正站在她身后，马上停了下来，对我说："我怎么有资格抱怨学习辛苦呢？为了我们，您已经连续几天站在讲台上了，我们这些在下面坐着的人，还有什么资格喊累？"

　　还有一次，我和伙伴们一同去凤城，我们下午4点出发，晚上7点多才到目的地。到达凤城之后，我连口水都顾不上喝就马上进入工作状态，工作结束后又和当地的负责人谈工作到深夜。一天的奔波劳累已经将我的体力耗尽，可是尽管如此，第二天我还是早早起来准备讲课。讲完课后，我又要马不停蹄地开三个多小时的车到宽甸。到达宽甸后，会场里的人早已全部到齐等着我了，来不及多说一句话，没有一点儿休息时间，我又开始讲课了，课程刚结束，我还要赶回凤城处理事情。就这样，我走下讲台就直奔停车场……短短的两天时间，我一共跑了五个城市，讲了五堂课，面谈了几十个人。

　　这样的事情对于我而言几乎是每天都在发生，但我知道，我必须像一个马达一样飞速地运转，必须时刻让自己保持激情和动力，我要用自己的行动去影响身边的人，去带动我的员工，这样员工才会朝气蓬勃，公司才会蒸蒸日上。

第六章 建设好团队的堤坝——留人

第七章 经济学中的团队管理

做团队的精神领袖，方能创造"人和"

海旭说

一个团队想要做大、做强，并且做得持久，必须靠精神的力量来建设团队，发展团队。

一个成功的领导者一定是团队的精神领袖，一个拥有精神领袖的团队才能走向成功，才能留住人才。

从古至今，任何一个成功的领袖，都在用自己的精神和信念影响、激励着团队当中的每个人。一个团队想要做大、做强，并且做得持久，必须靠精神的力量来建设团队，发展团队。唯有精神的力量才能够成就一支伟大的团队。

精神领袖是团队壮大的根基，任何一个团队都是如此。凡是成功企业都必然会有一个精神领袖，比如，苹果公司的乔布斯，可口可乐公司的唐纳德·基奥，微软公司的比尔·盖茨，华为的任正非，阿里巴巴的马云，万达的王健林，腾讯的马化腾，百度的李彦宏等。

任正非，华为无可替代的精神领袖，他以"力拔山兮气盖世"的豪情，带领华为从一个仅有2万元注册资本的企业，一跃成为销售额超过300亿美元的大公司。低调、神秘、土狼……各种标签不断地加在任正非的身上，他始终不予回应。于是，一些人对他产生了种种猜想，说他故弄玄虚，说他自身有缺陷，说他和华为的背后有着不可告人的阴谋，说他清高，说他简单粗暴，说他不近人情……不管是诽谤，还是赞扬，他都无动于衷。走自己的路，别人爱说什么就说什么去吧！

穷困是有大作为的人的第一桶金，饥饿感就是一个人不懈的动力来源。任正非创办公司之初，与父母同住在深圳一间十几平方米的小屋里，生活潦倒，衣食堪忧。"忧劳兴国，逸豫亡身。"任正非感谢生活给自己的馈赠。他认为："华为最基本的使命就是活下去。"每天工作长达15个小时~20个小时，几乎没有任何苦恼的迹象，风花雪月仿佛是另一个世界的东西，跟他们全然无关。

"做事业，做有高度的事业"，这是任正非经常挂在嘴边的一句话，华为的成功，是最好的例证。1987年，43岁的任正非，以凑来的2万多元人民币创立了华为公司。当时，除了任正非，谁也没有想到，这家诞生在破旧厂房里的小公司，即将改写中国乃至世界通信制造业的历史。

在起初的两年时间，公司主要是代销香港的一种HAX交换机，靠打价格差获利。此时，国内在程控交换机技术上基本是空白，任正非敏感地意识到了通信技术的重要性，他将华为的所有资金投入到研制自有技术之中。此次孤注一掷没有叫他失望——华为研制出了C&C08交换机，价格比国外同类产品低三分之二，功能与之类似，前景十分可观。这个自主研制的策略，让华为冒了极大的风险，但也最终奠定了华为适度领先的技术基础。

1995年，任正非以自己独特的战略眼光，开始带领华为走向海外市场。经过多年的经营和发展，华为在通信设备领域已经成为国际龙头级企业，华为的产品和解决方案已经运用于全球100多个国家，以及35个全球前50强的运营商；在海外设立上百个分支机构，通过跨文化团队合作，实施全球异步研发战略。

创新永远是企业发展的原动力，任正非对这一点有深刻而清醒的认知和把握。华为参与了诸多国际标准组织的标准制定，在光纤传输、接入网络、下一代网络光纤、核心网络、业务运用和无线电接入等领域提出了数千项提案。

完善的制度和文化建设是企事业成长的保障和灵魂。1998年3月，在任正非的强力推动下，华为推出了华为基本法，这是迄今为止中国现代企业中最完备、最规范的一部企业基本法。这些规章制度保证了华为健康、持续、稳定地发展。

美国《时代周刊》评价说："华为正重复当年爱立信、思科等卓著的全球化大公司的历程，并且成为这些电信巨头'最危险'的对手。"英国《经济学人》的评价则是："华为的崛起，是跨国公司的灾难"。

任正非创造了华为这个奇迹，而他也成了一代传奇人物。用任正非的话说，他是华为这家公司的头狼，华为人是一群狼，每个人都具有狼性，作为领袖的头狼有多勇猛，这个狼群就会多壮大。

精神领袖是一个团队的灵魂，他在团队当中所起的作用，不光是对梦想和目标的激励，更是对人的内心、精神的经营和管理。作为一

个精神领袖：你有多努力，你的员工就有多努力！你对自己多严格，你的员工就会有多自制！你的思路战略多正确清晰，你的公司在未来就会走得多远多久！

兵熊熊一个，将熊熊一窝，就是这个道理。如果作为老板的你只会整天喝茶水，给员工灌输"鸡汤"，指望员工能拼了命地为你工作，可能吗？

团队领袖未必是个人能力最强的人，尤其当团队发展壮大之后，会有更多优秀的人才加入，团队领袖最需要提升的不是他的个人能力，而是他的人格魅力。

作为一个领导者，应该拥有怎样的人格魅力？

第一，要拥有高尚的品格。

只有拥有高尚人格的领导者，才能产生令人信服的向心力以及吸引力。在工作中，领导者应该以身作则，身体力行，不仅要以自己的正确言论去影响自己的员工，更应以自己的模范行动去引导员工。要求下属做到的，自己应该首先起到带头作用，用个人形象来增强自己的感召力。

第二，勇于在逆境中前进。

任何团队都会有遇到困境的时候，在这样的时刻，员工更需要有人为他们指路，带领他们前进。在团队中，领导者就是员工的指向灯。面对巨大的困难时，能够始终保持良好的心态，勇敢地承担压力，让员工从恐慌和犹豫中走出来，带领员工战胜困难。

第三，善于激励。

在企业中，领导者要扮演的一个角色是教练，既要能够激励员工不断前行，向员工传授经验，帮助员工解决问题，在必要的时候，还要自己上阵"杀敌"。能让有能力、有意志的人，死心塌地跟着自己打拼、努力，激励有能力却意志不坚定的员工坚定自己的信念，这样的领导者才是值得推崇的。

第四，把管理当作一种责任。

对于一个企业的领导者而言，管理是一种责任，而不是一种权力，领导者要对企业负责，对自己的员工负责，甚至还要对社会负责。作为管理者，不但要使自己走向成功，还要帮助员工提升自己，引导企业走向成功。

第五，要有高瞻远瞩的眼光。

作为一名领导者，长远的眼光是至关重要的。因为领导者处在企业的最高位置，就要有比自己的员工更为宽广的视野，只有这样，才能在处理某些关键问题的时候表现出别人所没有的高瞻远瞩，能够准确而迅速地做出决策，采取适当的行动，把不确定的因素转变成机会和成功的策略。这样的领导者更容易得到大家的信任和拥戴，从而使自己的员工心甘情愿地为企业奉献力量。

第六，工作能力要强。

领导者的业务和决策能力都很强，员工不会的事他会，员工做不了的工作他能做，自然而然地会在员工中产生威信，使员工对他十分尊重甚至仰慕，领导魅力也就随之产生了。

在团队管理的过程中，善于从高处定位思路、低处找准落点、实处创造效益，能够理解人、包容人、关心人、激励人，积极为员工创造荣辱与共、和谐发展的良好环境，这样的领导者，才能成为当之无愧的精神领袖，也才能增加管理效益，提升管理品质，推动企业实现不断发展。如果一个团队有这样的精神领袖，你不用留，员工也不会走。

孟子有言："天时不如地利，地利不如人和。"三者中"人和"最重要，"地利"次之，"天时"再次之。精神领袖的领导作用是创造"人和"的必备条件，一个领导者不光是带领团队在某项事业上获得成功，而且也能使团队成员在精神层面上取得进步，让团队成员的生命得以升华。

员工有信仰，团队有力量

> **海旭说**
> 能够激发灵魂的高贵与伟大的，唯有虔诚的信仰，为信仰而生让我找到了继续奋斗的动力。

法国哲学家让-保罗·萨特的一句名言曾让我大为震撼，他说："世界上有两样东西是自古不变的，一是高高悬挂在我们头顶上的日月星辰，一是深藏在每个人心底的高贵信仰。"信仰就是深藏在人们内心深处的光，有信仰的地方，黑暗就无处藏身。有信仰的人，都是自带光环的，他们浑身充满正能量，并且不断地用正能量来感染世界。

不只是建立国家需要信仰的力量，对于现代企业而言，也需要信仰。史玉柱之于巨人、柳传志之于联想、马云之于阿里巴巴、牛根生之于蒙牛、乔布斯之于苹果……这些人已经不单是企业的投资者、决策者、管理者，更是企业的掌舵者和风向标，是员工的信仰和偶像。

乔布斯曾经说过："活着就是为了改变世界！"改变世界是他的信仰，而他也的的确确通过产品改变了世界，将濒临倒闭的公司变成最成功的企业，被认为是世界上最伟大的CEO。正是因为这样，他也成为无数人的信仰！

在苹果的新产品发布会上，乔布斯一出场，便有数千人自发起立鼓掌数分钟，他是一个企业家，更是一个明星和英雄。乔布斯为了工作从不取悦他人，甚至对人苛刻，但他的员工无不以在他身边的工作经历为荣，他的粉丝仍然视他为精神领袖。

IT业拿破仑、创新教父、理想战士……当被外界贴上这么多标签时，乔布斯只是淡淡地说："难道还有其他原因吗？"

"他总是相信，最重要的决定不是你要做什么，而是你决定不做什么。"乔布斯曾经的同事埃德·尼豪斯这样评价他。

在创办苹果公司前，乔布斯曾远赴印度寻找"精神指引"。在那里，他成为一名佛教徒。他把信仰融入了经营中，信仰不仅属于乔布斯，也属于苹果产品。

刘永好曾说过这样一句话："企业家都忙着赚钱，不知所累，我们赚了很多钱。赚更多的钱，没有太大意思，当财富和个人事业关联不大时，一定要寻找支撑上升的动力。没有信仰的企业家，或者是没有寄托的企业家，心态肯定不好，肯定会出问题。"

在谈到自己的成功之道时，稻盛和夫曾经说过："因为我相信自己，相信自己能够成功。"如果不是因为对自己的相信，稻盛和夫就不会成为今天的经营大师了。

唯有相信，才能有梦想成真的那一天。稻盛和夫的这个理念，影响了很多的创业者和企业家，而他的这个理念也是从经营之神松下幸之助先生那里学到的。

20世纪60年代初期，稻盛和夫听了松下幸之助"企业管理的贮存法"的演讲。松下幸之助在演讲中提到了后来著名的"水库式经营"，建水库蓄水，使水量不受天气和环境的左右并始终保持一定的储量。经营方面也一样，景气时要为不景气时做好储备，应该保留一定的后备力量。

在提问环节，一位听众问道："如果能够进行水库式经营当然好，但是现实中不能。若不能告诉我们怎样才能进行水库式经营的办法，那还有必要说吗！"

松下先生回答："那种办法我也不知道，但你还是要相信储存的重要性，要有不建水库誓不罢休的决心。总有一天，你要用到它的。"

听到这样的答案，大多数人很失望，但稻盛和夫却很认真地记下了这些话。他在《活法》一书中写道："相反，我受到似乎像电流一般的冲击，因为松下的话，对我来说简直就是真理。"

古语云："千人同心，则得千人之力；万人异心，则无一人之用。"领导者有信仰，并且带动整个团队一起共修，在浮躁的大环境中寻得一份内心的宁静与安详，成就富足的精神世界，用修行之心工作，用修行之心办企业，如此，才能员工有信仰，企业有希望，团队有力量！

感悟箴言

在我经营企业的数十年中，我一直坚持认为，远大的梦想要有清晰的目标、详细的计划、持续的行动和坚定的信念！能够激发灵魂的高贵与伟大的,唯有虔诚的信仰,为信仰而生让我找到了继续奋斗的动力。

有一次,我问手下的员工们:"知道你们为什么不能成功吗?"员工们纷纷回答,答案五花八门,有的说是因为没有钱,有的说是因为没有资源,还有的说是因为没有人脉。

但我告诉他们:"虽然你们什么都没有,但实际上,一个人想要创业,有没有钱并不是最重要的,最重要的是你一定要有信仰、要有使命。否则,就算你有再多的钱、再多的资源,也无法成功。如果想要创业,有没有启动资金并不是最重要的,重要的是必须要有成熟、独到、可操作性强的思想和方法。如果你有思想,找到合适的时机、找到合适的圈子,那么必然会有人投资你,包括我在内,都非常愿意帮助具备这种条件的人创业成功。"

我为什么会创业?因为在我看来,保险业是一项神圣而伟大的事业,但是很多人都误解了这个行业,扭曲了保险从业者神圣的使命。我觉得我的肩上承载着一种责任和使命——要改变人们对保险行业的看法,使人们不再贬低保险从业人员。正是因为心中怀着这样的信仰,我才会数十年如一日地在创业的道路上狂奔不止,也正是因为有这样的信仰,我的身边才会聚集了一大批对我忠心耿耿、愿意与我一同把纵生销售集团这份事业做大的人。

用信念留人

海旭说

团队能够获得巨大的成功，要看建立者的"两颗心"，一颗是他的"发心"，一颗是"不忘初心"。

在"倍增团队秘诀"的课堂上，我做过一个调查。我问一个有20年佛教信仰的学员：是否曾经想过改信别的宗教？他毫不犹豫地摇摇头，说从来都没有想过。我说，如果每个月给你1万块钱，你会不会考虑改变自己的信仰？他还是摇头。我继续问，如果给你10万块钱呢？100万块钱呢？虽然筹码不断提高，但他始终摇头。

我又问一个工作单纯为了挣钱的人，今天给他1万块钱，让他放弃自己的工作，他愿不愿意。他马上回答：愿意。我接着问：如果每个月给你10万块钱，让你到一个陌生的城市，去干一份从来没接触过的工作，愿意吗？他还是回答很愿意。

两个不同的回答，充分说明了，人的信念对行为会产生巨大的影响，有信念的人是坚定不移的，没有信念的人却如同墙头草，随风倒。

在带团队的时候，我们也会发现，信念至关重要。为什么有的人在面对高薪的时候会动心、选择跳槽，有的人却会拒绝诱惑，坚持与团队站在同一条船上？原因就在于他们加入团队之后是否产生了信念并坚持这种信念。

信念是团队持续经营的根本信条，决定了一个团队的战斗力。IBM前任首席执行官小托马斯·沃森曾经谈到信念的重要作用："我相信一家公司成败之间真正的差别，经常可以归因于公司激发了员工多大的精力和多大的才能，在帮助这些人找到彼此共同的宗旨方面，公司做了什么？……公司在经历代代相传期间发生了许多变化，如何维系这种共同的宗旨和方向感？……（我认为答案在于）我们称之为信念的力量，以及这些信念对员工的吸引力。我坚决相信任何组织想继续生存和获得成功，一定要有坚强的信念，作为所有政策和行动的前提。"

美国著名企业管理研究者汤姆·彼得斯也曾经坚定地指出，"要是有人要我们从对出色企业的研究中提炼出一条真理，来作为我们奉劝企业的领导者们的一条忠告的话，我们会乐于这样来回答：'先确定你们的信念吧。'大部分优秀的公司之所以能够成功，在于员工能够分辨、接受和执行组织的信念。"

23岁那年，原一平带着行囊来到东京闯荡，但是，对于一个既没有学历也没有什么拿手技能的人，生存谈何容易？

他先后去过很多公司应聘，但是面试官一看他瘦弱不堪的样子，都纷纷摇头。原一平并没有因此而气馁，经过努力之后，他最终成为明治保险公司的一名推销员。

工作之初，原一平的薪水少得可怜。为了省钱，他连中午饭都不吃，上班不坐公交车，只靠步行，租住在一间小得只能容下一张床的房间里……这些艰难困苦并没有将原一平打败，他的心中始终燃烧着"绝对不能认输"的烈火，这把火越烧越旺，让他越挫越勇。凭借这股信念，原一平的工作渐渐有了起色，并且越来越好。到1936年，他的销售业绩已经超过了所有人，成为公司里的销售冠军。

但他的信念并没有因此而消失，相反，他更加努力地攀登更高的顶峰。为此，他制定了一个在别人看来不可思议的推销计划——他要找到明治保险公司的董事长串田万藏，向他要一份介绍信，以便于进行大幅度、高层次的推销业务。

原一平信心十足地来到了董事长办公室，请求会见串田万藏。他在会客室里等了很久，也没人来招呼他。因为太疲倦，他竟迷迷糊糊地睡了过去。

不知过了多久，原一平隐约感到有人在推自己，抬头一看，竟然是董事长！

串田万藏大声问道："是你找我？"

原一平磕磕巴巴地说："我……我是原一平，是明治保险公司的一名推销员。"

"有什么事情？"

这时，原一平才提起了精神，说道："我想请您来帮我介绍……"

"介绍？你以为我会替你介绍保险这玩意儿？"

在来之前，原一平曾经预料到自己的恳求可能会被拒绝，但他却没想到，串田万藏竟会十分鄙视地说保险只是个"玩意儿"。他一下子束手无策了，但是对工作的热爱又使他十分愤怒。

他大声吼道："你说保险只是个让人瞧不起的'玩意儿'？您经常教育我们，要把保险当成是自己的事业。我们为此而自豪，但没想到您却这么看不起这份事业！"

说完，他就转身离开了会客室。他想，自己惹怒了董事长，恐怕马上就要卷铺盖走人了。

没想到，刚回到公司不久，串田万藏就打来了电话，他说作为一名员工竟然大声呵斥自己，令他非常生气。但生气之余，他又进行了反思：作为公司的一员，有责任为公司贡献力量拓展业务。最终他同意帮原一平推荐客户。

原一平对信念的执着，不仅赢得了公司上下的一致敬服，还获得了串田万藏对他的善意支持。凭借这种精神，他创造了连续16年保持日本保险业全国销售业绩第一的成就，被誉为"推销之神"。

我们或许能在最短的时间里组建起一个组织，但是却不一定能快速组建一个团队，因为团队是有信念的。没有明确而坚定的信念和团队精神，就不可能形成自始至终的经营管理战略，也会使员工不断地徘徊、动摇，团队就成了一盘散沙，最后甚至有可能导致全盘失败。

作为领导者，我们要通过以身作则、言传身教，慢慢地、逐步地去影响团队成员，让他们逐渐在心中产生共同的信念，用信念的力量去成就共同的梦想，在每一名成员跟随团队达成目标的同时，团队成员们也会在人生的道路上"修成正果"，获得更大的成功。

一个团队从建立开始，到最后成为一个真正的团队，是一个成长和改变的过程。一开始，通过个人利益把大家聚集在一起，吸引越来越多的人加入团队。团队组建完成之后，各个成员为了各自的目的，去追求同一个目标。在追求共同目标的过程中，每个人的想法不同，但为了让大家行动一致，需要用制度把大家"捆绑"在一起。但制度可以把人"捆在一起"，却"捆不住人心"，只有信念的力量，才能把大家团结在一起，一起完成非凡的使命，创造常人不敢想象的事业。

感悟箴言

很多保险公司的老总和我开玩笑，说我是"外星人"，有些时候连我自己都会觉得自己真的是"外星人"，因为我能做到常人无法做到的"去除私欲"。我之所以能做到这一点，是因为我对自己所做的事情有着坚定的信念。

这种信念来源于很多地方——责任、胸怀、诚信、激情、自信、专业等，这种信念让我越来越相信自己活着是有使命的。在拼搏的过程中，当我明白了一个人需要有使命地活着的时候，我就有了自己的信念。

我的信念深植于自己所从事的保险行业。中国有3600多万保险从业人员，未来该何去何从，这需要有远见的企业家去改革、去创新、去尝试，而做第一个吃螃蟹的人，去尝试没有人做过的事情，是要付出代价的！我愿意做第一个吃螃蟹的人，因为我觉得自己有责任为中国保险代理行业创造一条新路，改变人们对保险行业的偏见，为中国所有保险从业人员找到一条真正适合的职业发展道路和一个为之终生奋斗的事业目标。

在纵生销售集团，我用三个步骤来激发员工的信念，从而推动员工更有效地销售保险这一无形的商品。

首先让他们拥有自信。我经常激励员工"你是世界唯一"，你一定要找到你身上与众不同的、全世界所有人都没有的东西。当你认为自己是世界唯一的时候，做事情就会充满自信；当有了自信之后，你再去做事情，成功的概率就会增加，你就会相信自己的能力。然后是相信。他们不但要完全、真的相信自己，还要相信我，相信我能带着他们创造辉煌。但是，只有这两点是不够的，如果我们想把企业真正做大，未来要成就梦想，还需要有信仰。不但自己要信仰自己，还要让别人信仰我们，我们要成为"佛"；而成为"佛"很简单，一句话：放下名利。我们可以看到，中国的企业家也好，国外的企业家也好，真正放下名和利的人少之又少。那些极少数做到这一点的人，无一不是大成功之人。

心中有神——赋予员工神圣的使命

> **海旭说**
> 用这样的使命感来留住人才，是留人的最高境界。

稻盛和夫说："一个人只有同时具备了责任感和使命感时，才会充满激情地投身到自己所从事的事业之中。"

使命感，就是知道自己在做什么，以及这样做的意义。一个团队的存在，并不仅仅是为了自身的生存。如果团队存在的目的仅仅是为了自身的生存，那么这个团队的存在对社会就没有多大价值了。比如，一个企业的存在，不能仅仅以赚钱为唯一目标。除了赚钱之外，企业还应该服务社会，创造文化，提供就业机会，提供高质量的产品和服务给消费者。这些都是企业应该具有的目标，也可以说是企业的使命。一个企业如果从管理层到普通员工都能形成这样的使命感，那么这个企业最终一定会有很大的发展。仔细研究那些世界知名企业，我们会发现，任何一家企业都不是以赢利为自己的最高使命，它们大多以服务社会，造福人类，改变生活之类的崇高使命作为自己企业文化的核心。

心中存有使命感的人，会为了崇高的荣誉而战、而奋斗，从而激发出自身的潜能，在事业中做出更大的贡献。

在美国西点军校，有一套荣誉规章制度，规定新生一入学就要先接受16小时的使命感教育。教育内容主要是用具体事例说明珍惜使命、争取使命、创造使命、保持使命感的重要性和方式方法以及荣誉感对一生的好处。其目的是让每一个新生逐步树立一种坚定的信念：使命感是西点人的生命。

200多年来，西点军校之所以能培养出那么多杰出人才，秘密就在于此。它使西点军校培养出了无数具有强烈荣誉感和献身精神的精英。这些精英人物进入商界后，依然秉承这一理念，把"使命"作为企业文化的核心，培养出一批具有荣誉感和责任感，道德品格高尚的下属，从而建立起自己杰出的团队，打造出富有生命力的世界一流企业。

如今，使命感成为众多企业的核心价值观，正是这种精神力量的召唤，才造就出了最优秀的团队，也培养出了最优秀的下属。

如何才能让员工的心中产生使命，尤其是步调一致，这需要一个过程。当领导者不断去坚定这个使命，然后一步步去达成它，让员工看到你曾经说过的已经成为现实，那么，他们自然就会被你的使命所影响，慢慢地，你的使命就变成了他们的使命。

纵生销售集团走到今天，就是一个不断兑现承诺的过程。10

年前我曾说过,我们努力发展企业的重点是构筑员工的幸福。而10年后的今天,我们仍在致力于这一点。10年间,除了让员工得到物质上的满足,在能力上和精神上也帮助员工不断地获得进步。而在未来的时间里,我们依然会本着这种初衷,坚守使命,带领员工共同去创造更大的奇迹。

用这样的使命感来留住人才,是留人的最高境界。

感悟箴言

我一直认为,如果想要成为一个企业家,除了有能力和智慧之外,还必须有使命感,这样才有可能事业成功。

从2007年踏上保险这条路开始,我就坚定了自己的使命:通过纵生销售集团的努力,改变中国传统保险业的营销模式;通过纵生销售集团的付出,让中国的每个家庭享受到充分的保障。要做出一番惊天动地的大事,为家族争光,为社会作出贡献!

当很多人还在犹豫的时候,我已经带领我的团队去行动了;当很多人刚看明白想去做的时候,我们已经筹划下一个市场在哪里了;当别人准备去做市场时,我们已经做成趋势了……

从最初的艰难到今天被整个行业和社会所认可,我用我的全部力量去带动所有和我一起创业的人,和大家一起分享我们创造的一切。我从来没有忘记自己创业的初衷——为了纵生销售集团的所有员工,为了行业,为了社会和国家。2008年,我被评为辽宁省优秀企业家。当时,我帮助政府解决了3000人的就业问题。

我认为,作为一个企业家,他的使命就是一定要有社会责任感,要为国家解决事情。我要把企业打造成一个"大家",而不是自己的小家。为"大家"干事业,一定要有社会责任感。比如,"老龄化"问题我一直都很关注,一直想尽自己的绵薄之力。我甚至有个想法:企业可以自己建立养老院,真正帮助大家解决养老问题。假如我们都是一个公司的员工,我们在一起工作二十几年,到老了以后,当我们在企业专门为我们建立的养老院里见面的时候,彼此都会因为在养老院里生活而感到欣慰、自豪。包括公司里正在工作的员工,也可以把自己的父母送到企业的养老院里,这样,才能真正帮助老人,为解决中国的养老问题尽一份力。

我不止一次地设想过:一名员工来到纵生销售集团,如果他结婚了,他的孩子就送到纵生销售集团开办的幼儿园上学;而孩子长大了,大学毕业后,他就可以到纵生销售集团来上班(当然,这还要考虑孩子的个人意愿);等这名员工退休了以后,他就可以去纵生销售集团的养老院养老,甚至在百年之后,也会由公司为他提供墓地。

我认为,一个企业家在让自己的员工过上幸福、快乐生活的同时,也不要忘记社会中的弱势群体。我非常赞成企业家做慈善,因为这才是企业家真正的使命。对我而言,企业做小了是自己的,做大了就是国家的。所以,我一直在努力把企业做大,希望为祖国的富强贡献自己的力量。

生命因使命而崇高,通过经营企业,让自己的员工获得幸福,同时解决社会人员的就业问题,为祖国的经济增长做出自己的一份贡献,这便是当代中国企业家应尽的责任和使命。

没有制度是团队的灾难

> **海旭说**
> 没有制度做保障，就没有一个人是安全的！

中国有一句传承了很多年的古话——"没有规矩，不成方圆"。也就是说，没有规则的约束，人类的行为往往会陷入混乱之中。社会需要规则，团队也需要制度。

10个人的管理靠的是领导者的人格魅力，100人的管理靠的是企业制度，10000人的管理靠的是企业文化。现在，中国的大部分企业都处于第二个阶段，所以，作为团队领导，必须意识到制度化管理的重要性。关于这一点，古今中外已经有很多论述，白居易说："仁圣之本，在乎制度而已。"管仲说："有道之君，行治修制，先民服也。"邓小平同志说："制度好可以使坏人无法任意横行，制度不好可以使好人无法充分做好事，甚至会走向反面。"

具体到团队中，制度会从四个方面发挥作用。

第一，制度化管理有利于团队效率的提升。

制度是透明的，团队里的每个人都能清楚地看到，团队里的每一件事都是程序化的、标准化的。所以，实施制度化管理，有利于员工迅速掌握自己所需要的工作技能，有利于员工与员工之间、部门与部门之间、上级与下级之间进行有效沟通，使企业内部的工作失误率减少到最低的程度。同时，这也有利于对各项工作进行评估、监控与考核。这一切都将促使员工不断改善自己的工作，提高工作效率。

第二，制度化管理有利于团队运行的规范化和标准化。

实现制度化管理，就是要达到"一切按制度办事"的目标。当每个人都把这一点牢记于心并贯彻到自己的工作中时，员工就可以依据共同的契约，也就是制度来处理各项事务，而不必察言观色、见风使舵，也不会再想着用人情来左右决策。这样一来，团队运行就可以实现规范化和标准化了。

第三，制度化管理有利于人才的培养。

规范的制度能够体现出团队管理的公平、公正，谁不愿意在一个公平、公正的环境下工作呢？这不但有利于吸引外部人才，而且也可以为内部人才提供良好的上升渠道，促进他们的成长。

第四，制度化管理有利于降低决策失误率。

将团队内部的一切事务都纳入到制度化管理中，可以有效地杜绝团队决策的"一言堂"现象，使决策过程更加程序化、透明化，更能发挥群策群力的作用。团队决策将会更加科学有据，更能经得起实践的检验和市场的考验，使决策的失误率大幅度降低。

没有规矩不成方圆，但如果有了规矩却不执行，同样成不了方圆。因此，制度需要落地，如果不能落地，即使再好的制度，也无法发挥作用。然而，制度的执行却不是一件容易的事，我们可以看到，如今 100 家企业里至少有 99 家都制定了各种各样的制度，但是，对于大部分企业来说，这些制度最终成了摆设、成了一纸空文，能有效执行的很少。

为什么会出现有制度、无执行的现象呢？最主要的原因在于制度缺乏配套的奖惩措施。

美国哈佛大学教授威廉·詹姆斯曾经做过一项关于员工激励的调查研究，研究的结果表明，实行计件工资的员工，他们的能力只发挥了 20%~30%；而在同样的条件下，当他们在受到充分激励的时候，其能力却能够发挥到 80%~90%。也就是说，员工在得到充分激励后所发挥的作用相当于受到激励前的三倍到四倍。可见，要调动员工的积极性，必须善于运用一定的激励手段。同样，在执行制度的过程中，激励也起着非常重要的作用。如果制度缺乏配套的奖惩措施，员工做得好得不到激励，做得不好也得不到惩罚，结果是可以预见的，长此以往，当然没有人愿意再去执行制度了。

所以，在制定制度的时候，团队领导还应该设定具体的奖惩措施，给做得好的人一定的奖励，给做得不好的人严厉的惩罚，这样的制度才能彰显公平，才能鼓励先进的人越来越先进，鞭策落后的人摆脱落后的局面，也才能使员工真正重视起制度来，认真地执行制度。

1984 年，张瑞敏刚到海尔当厂长的时候，面对着散漫的员工，他决定从严治厂，并制定了对海尔具有里程碑意义的"十三条"。这十三条中，最重要的一条就是：不准在车间随地大小便。其他规定还有"不准哄抢工厂物资""不准迟到早退""不准在工作时间喝酒""车间内不准吸烟，违者一个烟头罚 500 元"。

这"十三条"颁布以后，迅速产生了一些效果，但随意拿公物等现象依然存在。张瑞敏就问自己的下属，应该怎样防止这种现象，人们纷纷回答说："把门锁起来"，可是门能锁，窗户却不能锁，这个办法还是不可行。

张瑞敏派人把这"十三条"贴在车间大门上，并公布了违规后的处理办法，然后把门窗全都打开，布置人在周围观察有没有人再去拿东西。果不其然，没过多久，就有人大摇大摆走进车间扛走一箱东西，下属向张瑞敏汇报了之后，张瑞敏马上贴出布告，将这个人开除。

这个决定令工人们十分震惊。他们这才意识到，新厂长制定的制度原来不是闹着玩的，而是动真格的！从那之后，再也没有人违反"十三条"了。

不过，有些团队领导在执行制度的时候，却无视制度的权威性与原则性，当自己手下的业务骨干或者特别赏识的人才违反制度的时候，就不愿意执行制度，使制度让位于人情，还美其名曰"特事特办"。这样一来，制定的存在就失去了意义，也会给员工传递一种错误的认识，让他们觉得，领导对公司制度也不尊重，自己又何必去遵守呢？

这带来的恶果是，越来越多的员工不按照制度办事。因此，作为一个团队领导，一定要把各项制度都落实到位，在人情的面前不妥协，只有这样，公司制度的作用才会被发挥出来。

关于这一点，平安保险的CEO马明哲曾经讲述过自己的一个经历，团队领导可以从中得到一些启发。

1984年，马明哲在蛇口劳动人事处负责招聘工作，有一次，他与一家著名日资电器公司的领导者一起到全国各大城市，从5000多名候选人中招聘了500多名员工。在为期一周马不停蹄的招聘过程中，他与这位日本领导者逐渐熟悉，成了很好的朋友。

回深圳后不久，有一天晚上，马明哲的一位领导家的冰箱突然坏了，广东的气候潮湿闷热，储存的东西很快就会变质。在那个冰箱还被视为奢侈品的年代，要马上找到一位专业的冰箱维修人员是很困难的，可不像现在，一个电话，维修人员就会出现在家门口。于是，马明哲很自然地想到了那位日本朋友的公司，并迅速联系到了他们冰箱部的主管，请他第二天早上第一时间来修理。

那位主管表示要先向上级请假才能过来，马明哲对他说："没关系，我跟你们领导很熟，我会给他打电话帮你请假的，你明天一大早过来就好了。"

但是，后来因为事情比较多，马明哲却忘了给日本朋友打电话。

出乎他意料的是，因为没有提前请假，违反了公司的劳动纪律，那位平时表现非常出色的主管竟然被辞退了。

马明哲感到非常过意不去，于是找到日本朋友求情，但那位朋友却清晰地告诉他，不请假就是旷工，不管是出于什么原因都要按制度行事。日本朋友的"铁面无情"让马明哲非常生气。

然而，等到马明哲自己走向领导岗位后，才慢慢体会到，当初那位日本朋友对制度的坚持是有道理的。如果因为某一位员工、某一种特殊情况而让制度"打折"，那制度的权威性也就不复存在了。

坚持制度至上，在人情面前也毫不妥协，制度才能得到不折不扣地实行。在纵生销售集团，制度的执行是来不得半分含糊的。无论是公司里的高层领导者，还是与我一起打天下的好兄弟，都必须严格执行，谁若是不守规章制度，我就会对其进行批评和惩罚。

我认为，赏罚必须分明。有些领导者批评员工的过程很痛苦，要批评员工，却先表扬他几十分钟，表扬之后隐藏性地说几句批评的话，批评之后，又觉得好像不太对劲，然后又表扬他几句。等到这个员工走出去之后，一头雾水，不知道自己是被表扬了还是被批评了，甚至还觉得挺好，丝毫不会有所改变。等到领导者用这样的方式"批评"对方三四次之后，对方仍然不改，就会觉得这个人不合格，要把他开除。但是，那个员工却感觉很无辜，因为"你不是表扬了我四次，说我挺好的吗？"不管是批评还是惩罚，想清楚了就做，动手要快。越干脆利落，对员工越负责任。管理者、领导者、创业者，心要仁慈，但既然建立了游戏规则，就要尊重游戏规则，明白自己要什么，明白团队要什么。

在我看来，制度的严格执行与管理的以人为本并不互斥，因为我们之所以建立制度、执行制度，根本目的是为了确保企业日常运营的规范化。有了明确的制度规定，员工们才能在稳定的环境中工作，才能拥有简单和谐的人际关系。制度是一种约束，但更是一种保障，它在为员工划定了一个安全范围，使纵生销售集团每位员工的切身利益都能得到保障。同时，也为团队中的每个人打造了一个不可多得的发展平台，使他们在这里得到不断完善，与公司一起创造美好的未来。

相反，如果一个团队没有制度作保障，团队里就没有一个人是安全的。一个真正的团队领导应该懂得怎么做才是真正为了员工、为了团队、为了企业！

感悟箴言

早在创业之初，我就为纵生销售集团制定了完善的管理制度，具体罗列如下。

文明办公：热情周到，礼貌待人，着装得体，举止端庄，言行规范，环境整洁，公共场合使用普通话和文明礼貌用语。

首问负责：对属于自己职责范围内的事情，认真负责，迅速办理；对不属于自己职责范围内的事情，说明办事方法和流程，或直接将其引领给有关职能部门或具体办事人员。

办事限时：对职权范围内能当场办结的事情要当场办结，对不能当场办结的事项，要在规定的时限内办结，不推诿，不扯皮，不拖拉；做到原则性与灵活性相结合，急事急办，特事特办。

一次告知：对咨询或办理的属于本职工作范围内的事项，要将办理程序、办理方法、办理内容、办理要求以及相关手续等一次性告知服务对象。

业务精通：加强业务学习，熟练掌握工作流程，精通职责范围内的各项业务工作。

诚实守信：遵守职业道德，坚持言行一致，兑现服务承诺，勇于承担责任。

忠于职守：严格遵守工作制度和纪律，不迟到，不早退，不擅自脱岗、离岗，不在工作时间吃东西、嚼口香糖，工作期间不从事个人娱乐或其他活动。

第七章 经济学中的团队管理

后记 让更多追随者得到幸福，是真正的倍增之道

鲶鱼效应——用危机和竞争激活团队

> **海旭说**
> 危机没什么可怕的，它只是成功路上的助推器而已。

企业里的员工全都毫无积极性，不思进取？那就引进一条"鲶鱼"吧。

"鲶鱼效应"指的是采取一种手段或措施，用来刺激员工们活跃起来，投入到企业运营的整个过程中，积极参与竞争，从而激活企业活力。它是一种负激励，是激活员工队伍的秘密武器。

"鲶鱼效应"是从一个故事而来的：沙丁鱼是在挪威广受欢迎的一种食物，很多渔民都以捕捞沙丁鱼为生。但只有活着的沙丁鱼才能卖出高价，因为活鱼肉质鲜嫩，而死鱼味同嚼蜡。因此，在运输过程中，渔民们就遇到了一个难题——绝大部分沙丁鱼在中途就因为窒息而死亡了。

奇怪的是，有一条船的沙丁鱼总能活着抵达港口。渔民们都很好奇，他究竟使用了什么办法，但这个秘密直到船长去世后才揭开谜底。原来船长在装满沙丁鱼的鱼槽里放进了一条以鱼为主要食物的鲶鱼。鲶鱼进入船舱之后，由于环境陌生，就会四处游动。沙丁鱼见到鲶鱼十分紧张，只能到处逃窜，水面不断波动，氧气也就更加充分了。从那之后，渔民们都会在运送沙丁鱼的船舱中放几条鲶鱼，沙丁鱼的死亡率就大大降低了。

我们可以把企业看成一个船舱，大部分员工都是"沙丁鱼"，而放进少部分"鲶鱼"的作用就在于，他们能够充分刺激竞争，从而调动起大部分员工的工作热情和积极性，使他们展现出更多的活力，为企业创造更大的价值。

当一个企业长期处于稳定状态时，员工的工作积极性就会大幅度下降，企业的工作效率也会因此而降低，这时，就需要"鲶鱼效应"发挥"医疗"作用了。"鲶鱼效应"是激发员工潜能，提高工作业绩的一种有效措施。那么，什么样的人，才是"鲶鱼"呢？

"鲶鱼"型的员工往往具备这样的特点：积极主动，行事果断，善于把压力传递给他人。但同时他们也会有种种缺点，比如爱较真、好动、喜欢表现、不服管，有时甚至会挑战领导的权威。

在企业适当地引入一些"鲶鱼"加入团队，就会给整个团队带来新鲜的空气，带来创新，激发其他员工的活力。但是对"鲶鱼"的数量必须要控制，如果一个团队全都是"鲶鱼"，就会导致"个个是英雄、整体是狗熊"的情况，使整个团队都变得乌烟瘴气，因为"鲶鱼"们都想表现自己，都坚持己见，那么合作和沟通也就无从谈起了。

那么，到哪里去发现鲶鱼呢？

首先，要不断补充新鲜血液，把那些朝气蓬勃、思维新异的年轻人引入企业之中，甚至扶植他们进入管理层，让那些刻板教条、因循守旧、懒散度日的懒惰员工和上层们直接感受到竞争的压力，唤起他们沉睡已久的生存意识和竞争求胜之心。

其次，在企业内部寻找"鲶鱼"。当公司里出现职位空缺的时候，优先考虑内部的员工，让他们展开竞争，胜者为王。在企业内部培养"鲶鱼"的成本远低于到外部寻找人才。因为你已经了解了员工的大部分信息，不必再为搜集信息而付出成本，也不必冒什么风险。另一方面，员工们对企业的组织文化也已经了如指掌，减少了磨合期出现问题的可能。

木桶效应——激励"短木板",提升团队实力

> **海旭说**
>
> 多对"短木板"进行激励,使"短木板"在激励中逐渐成长起来,企业的总体竞争力才能得到最大限度地提升。

木桶是由很多块木板箍在一起做成的,一只木桶能够盛多少水,是由所有的木板共同决定的。如果其中的一块木板短于其他木板,那么木桶的盛水量就会受到这块木板的限制。因此,我们可以这样理解:无论一只木桶有多高,其盛水量最终取决于组成木桶的最短的那块木板。这就是"木桶效应",也被称为"短板效应"。

根据"木桶效应",我们可以得出三个推论。

1.只有组成木桶的所有木板都足够高,木桶才能盛满水。但只要有一块木板不够高,水桶里的水就不可能是满的。

2.比最短的那块木板高的所有木板的高出部分都是没有价值的,而且高出的越多,造成的浪费也就越大。

3.要想增加这只木桶的盛水量,就必须换掉短板或者把短板补齐。这是最有效也是唯一的途径。

同样，在事物的发展过程中，"短板"的长度往往会决定其整体的发展程度。比如，一种产品的质量高低，并不取决于品质最好的部分，而是由品质最差的那个零部件决定的。一个组织的整体效率高低和业绩多少，不是由这个组织中最优秀那部分人的素质决定的，而是取决于素质最差的那部分人。

如果把企业的整个团队比作一个木桶，那么组成这个团队的每个员工就是木桶的一块木板。这导致领导者不得不面对一个问题：组成团队的人员的素质往往良莠不齐，而决定团体竞争力强弱的往往不是能力最强、表现最出色的人，而是那个能力最弱、表现最不起眼的人。换言之，劣质部分决定了团队的整体水平。

因此，要想使企业获得更好的发展，就必须弥补或者提升团队中的薄弱部分，想方设法提高表现最差的人的素质，从而使人员水平实现均衡。否则，就难以体现团队精神，发挥团队作用，更不可能实现预期的目标。人们常说"取长补短"，然而，只取长不补短，很难提高组织的整体效率。

在实际管理工作中，很多领导者往往更加重视对优秀人才的利用，却忽视了对那些普通员工的培养。其实，如果领导者把过多的精力放在优秀人才的身上，而对占公司多数的普通员工不管不顾，就会导致团队士气低下，甚至会造成优秀人才的才能与团队合作两者之间的失衡。

虽然优秀人才对企业的贡献更大，但普通员工同样是企业发展不可或缺的。俗话说：三个臭皮匠，顶个诸葛亮。激励好普通员工，效果可以大大超过对优秀人才的激励。

所以，多对"短木板"进行激励，使"短木板"在激励中逐渐成长起来，企业的总体竞争力就能得到最大限度的提升。人力资源管理不能局限于个体的能力和水平，更应把所有的人融合在团队里，科学配置，"好钢"才能够用在"刀刃"上。

破窗效应——重视小问题，防微杜渐

海旭说

细节之处见真章，重视小问题，可以预防大危机。

美国斯坦福大学的心理学家菲利普·津巴多曾经做过一个实验，他找来两辆同一品牌、同一型号、新旧程度一样的汽车，一辆停在贫民区，一辆停在中产阶级社区，他把贫民区的那辆汽车的车牌摘掉，天窗打开，结果还不到一天的时间这辆车就被偷走了。而停在中产阶级社区的那辆车，过了一个星期依然完好无损。一周后，津巴多把那辆车的车窗用石头砸了个大洞，过了几个小时再去看，那辆车也被偷走了。

依据津巴多的实验，政治学家伍德罗·威尔逊和犯罪学家乔治·凯琳提出了一个"破窗理论"：如果一栋建筑物的窗户玻璃被打破了，而且没有得到及时维修，那么有人就可能受到暗示性的纵容，去把其他的窗户玻璃也打碎。时间一长，这些"破窗"就会给人们带来一种杂乱无序的感觉，在这种氛围之下，犯罪就会像细菌一样滋生，而后蔓延到整个地区。

从"破窗效应"中，我们可以得到这样的启示：任何一种不良现象的存在，都在向外界传递着一种无序的感觉，当人们意识到这一点之后，就会跟随着去做出一些破坏行为。因此，那些看似偶然的、轻微的、个别的"过错"，实际上都是更大问题的诱因。必须及时改善并弥补这些过错，否则就会使千里之堤毁于蚁穴。

"第一扇破窗"往往是问题扩大化的起点，面对"第一扇破窗"，人们经常会自我暗示：窗户是可以被打破的，而且不会得到惩罚。就这样，越来越多的人就加入到了"打破窗户"的行列中。我们不但不能去做打破窗户的人，还要尽自己的力量去修复"第一扇破窗"。即使是当我们无法选择环境，甚至无力去改变环境时，我们还可以努力，那就是使自己不要成为一扇"破窗"。

在日常生活中，这样的现象比比皆是：四敞大开的大门，随意放置的财物，往往会使原本没有不良企图的人产生邪念；迟到的人没有得到公司的批评，就会有越来越多的人迟到；对工作不讲成本和效益的行为，一些领导者不当回事，员工们的浪费行为就会越来越严重。这些都是"破窗理论"的表现。

对于企业管理来说，"破窗效应"的隐患也无时无刻不存在着，作为领导者，一定要对企业中的小问题、小漏洞充分重视起来，做到见微知著，否则，这些小漏洞就会因为"破窗效应"而引发更严重的问题，甚至会给你企业带来万劫不复的伤害。因此，当企业一旦遇到"破窗"，就必须在第一时间修好那个被打破玻璃的"窗户"，做到防微杜渐，尽可能降低小问题带来的损失。

青蛙效应——提醒团队保持危机意识

海旭说

对于任何一个企业来说，满足于眼前的既得利益，沉湎于过去的胜利和美好愿望之中，都是一种自杀。

美国康奈尔大学的一个实验室曾经做过一次著名的"青蛙试验"：实验人员把一只青蛙放进了盛满滚烫开水的大锅里，青蛙立刻像触了电一样从锅里窜了出去。这之后，实验人员又把这只青蛙放到一个装着凉水的大锅里，让它在里面自由自在地游动。然后在锅下点起了火，对其慢慢加热，此时，锅里的青蛙虽然能够感觉到外界温度在逐渐发生变化，但是因为惰性的原因却而没有像上一次那样立即往外跳。直到热度越来越高，难以忍受了才奋力挣扎，想要逃生。然而这个时候它已经逐渐失去了逃生能力，渐渐被煮熟。这就是"青蛙效应"。

在第一次的时候，这只青蛙之所以能够顺利脱险，是因为它直接感受到了沸水的剧烈刺激，于是在第一时间使出浑身的力量跳了出来。而在进行第二次实验的时候，青蛙因为在一开始时并没有明显感觉到刺激，因此，失去了对环境的警惕性，当它感觉到危机正在到来的时候，已经早就没有能力从水里逃出来了。正是因为没有危机意识，青蛙最终丧失了性命。

"青蛙效应"给我们带来了这样一种启示：企业竞争环境的改变通常是渐热式的，如果领导者对环境潜移默化的变化无所察觉，最后就会像这只青蛙一样，直到被煮熟了的时候才意识到危险已经来临，而自己无力扭转死亡的结局。对于任何一个企业来说，满足于眼前的既得利益，沉湎于过去的胜利和美好愿望之中，都是一种自杀。无论何时，都应居安思危，适度加压，只有这样，才能更好地把握住机会并赢得竞争优势。

比尔·盖茨曾经有一句闻名于世的名言："微软离破产永远只有18个月。"如果没有这样强烈的危机意识，微软或许早就已经被市场所淘汰。张瑞敏也提倡"每天都如履薄冰、每天都战战兢兢"的理念，才有了海尔今天的辉煌。由此可见，危机无处不在，只有充分意识到危机，并且在它来临之前就采取措施去规避它，企业才能始终保持长盛不衰。

在饮料行业，百事可乐公司是当之无愧的领军企业，它每年都能创造几百亿的营业额，仅纯利润就能达到几十亿。但是，尽管如此，公司的管理者仍然时刻保持着危机意识，他们清醒地认识到，汽水行业正处于走下坡路的状态，竞争会因此而越来越激烈。为了在市场上始终屹立不倒，他们对员工进行了"危机式管理"。

公司总裁卡尔·威勒欧普习惯于在公司内部制造出一种危机感，他不断提高员工们的工作任务，要求他们每年的销售额要比上一年增长15%以上。员工们对此表示质疑，但他却告诉他们，这是经过客观的市场调查后做出的调整，因为市场调查表明，如果不能达到这个增长率，公司的经营就会失败。

这种人为制造出来的危机感使得百事公司的员工始终保持着蓬勃的活力，他们奋斗拼搏，公司里也因此充满了紧张有序的竞争氛围。正是这些，保证了百事公司欣欣向荣地走向未来。

企业要避免出现"青蛙效应"，首先要求领导者必须具备危机意识，只有形成危机观念和危机思想，企业才不至于在战略上迷失方向。

实际上，现在的很多企业领导者都能够意识到危机感的重要性，早就已经树立了危机意识。但是，大多数企业都只把危机管理当作是决策层、管理层或者个别部门的事情，而忽略了培养和强化员工的危机意识。危机观念的树立应该成为每个职能部门以及每位员工共同面临的课题。只有将这种危机意识灌输给所有的员工，使企业的每位员工都具备"居安思危"的意识，提高员工对危机发生的警惕性，使危机管理能够落实到每位员工的实际行动中，才能做到防微杜渐、临危不乱。

在商业社会中，充满了各种各样的机遇，但也到处充满着竞争和危机。竞争的环境给有实力的人提供了挑战和锻炼，而充满危机的世界给那些能够适时把握命运的人提供了发展的契机。在管理中，多一些危机意识，才能走得更稳、更远一些。如果安于现状或者盲目乐观，就会很容易在安逸的生活中渐渐失去危机感以及紧迫感，最终成为那只可怜的青蛙。

霍布森选择——激发员工创造性

海旭说

想象力像自来水一样，除非我们打开龙头，水是不会流出来的。

1631年，英国剑桥有一个叫作霍布森的商人，专门做马匹生意，他在卖马的时候做出承诺：不管是买还是租我的马，只要给出一个合理的价格，就可以随意挑选。但他还特意附加了一个条件：只允许挑选离马圈门最近的那匹马。

其实，这是他耍的一个花招。他的马圈只有一个小门，那些高头大马根本出不去，能从小门里出来的都是那些小马、瘦马、懒马，结果可想而知，来买马的人挑来挑去，自以为完成了满意的选择，其实选择的结果早就已经被别人安排好了。后来，人们就把这种没有选择余地的所谓"挑选"，讥讽地称为"霍布森选择"。

管理的成败，最关键就在于决策是否科学。但是，在决策的过程中往往充满了"陷阱"，一个不小心，就会落入这些陷阱中。"霍布森选择"就是最大的"陷阱"。

"霍布森选择"指的是只有一个备选方案、没有其他选择余地的决策条件。选择是在多种可行方案中挑选最优或满意方案的过程。但如果只有一个备选方案,那就无所谓选择了,因为无论你怎么选,结果都是一样的。

经济学上有一条格言:"当看上去只有一条路可走的时候,这条路通常是错误的。"在管理中,一旦选择范围和选择标准发生了冲突,那么"霍布森选择"的陷阱就会随之出现。比如在选择下属的时候,不管选择的标准是怎么样的,程序又是如何公正,只要把范围限制在领导者熟悉的圈子里,那么无论怎么选,结果都是一样的。

"霍布森选择"往往具有一定的风险,要避免这种风险,就要广泛调研,深入实际,掌握充分的信息,找出解决问题、实现目标的限制条件和发挥决定作用的因素,然后对这些因素进行分析,制定出多种预选方案作为备选方案,从中找出最优方案。比如阿波罗登月计划就制定了三种总体方案。通过分析计算,反复权衡比较,最后优选出月球轨道交会方案付诸实施,登月的阿波罗11号的实际活动,与原决策计划相符合的程度令人震惊。在20项主要指标中,零误差的有5项。

根据"霍布森选择",我们会发现,对于个人来说,一旦陷入了没有选择的选择中,就无法发挥自己的创造性。原因很简单,不管是好与坏,都是在对比中产生的,只有制定出一定数量和质量的方案进行对比、判断、分析之后才能知道什么是好的,什么是坏的,也才能找到最合理的一个方案。以对立的观点、不同的论据和不同判断的选择为基础,这个方案才会是好的选择、判断和决策。然而,没有选择余地的"选择"却导致人们无法进行比较,从而扼杀了其创造性。

如果领导者用这个别无选择的标准来对员工们进行约束和衡量，那么就必然会使员工失去多样化的思维，在工作中缺乏创造力。并且，用一个刻板不变的标准来要求员工的领导者，还会引发员工的不满和愤怒。领导者应尽量避免使员工陷入霍布森选择效应，更不能把他们约束在一张无形的铁床上，而是要给予他们足够的平台和充分发挥自我的空间。

实际上，聪明的领导者在确定某项选择、做出某种决策的时候，总是尽可能地在与他人交往过程中，激发反对意见，进而从各个不同的角度去弄清楚确定选择、实施决策到底应该是怎样的。

激发、思考来自他人的不同意见，可以给你的判断、决策提供可选择的另一些方案，有从多方面思考、比较和进行选择的余地。还可以刺激员工的想象力，开辟了解问题的新途径。想象力像自来水一样，除非我们打开龙头，否则水是不会流出来的。而领导者所起到的作用就打开这个水龙头，让员工充分发挥创造力。

雷尼尔效应——用人性化管理留住人心

> **海旭说**
>
> 一个企业能够使员工越高层次的需求得到满足,员工对企业的向心力就会越强,对企业就会越忠诚。

雷尼尔效应来源于美国西雅图华盛顿大学的一次风波。华盛顿大学曾经在华盛顿湖畔选择了一处平坦的空地,想在那里修建一所体育馆。谁知道,消息刚一传出,教授们就纷纷找到校长,向他表示了反对意见。

教授们之所以反对这个计划,是因为体育馆一旦建成,就会破坏华盛顿湖畔的美丽风光。教授们就再也不可能从办公室的窗口欣赏到华盛顿湖的湖光山色了。原来,华盛顿大学教授们的工资和当时美国的平均工资水平相比要低20%,他们之所以愿意拿着低工资在华盛顿大学就职,正是为了能够随时欣赏到这美丽的景色:碧波荡漾的华盛顿湖、白雪皑皑的雷尼尔山峰以及静谧的圣海伦火山。

教授们的这种偏好,被称为"雷尼尔效应"。由此可见,教授们的薪水,80%是以货币形式支付的,20%是由美好的环境来支付的。

人的需求结构是有层次性的,物质待遇是最基本的需求,而安全、发展、精神等需要处在更高层次上。在现代社会中，工资的提升不一定能够提高员工的积极性，员工同样希望获得更高的回报，比如获得成就感、实现个人价值、拥有良好的人际关系，等等。所以留住人才不一定要靠高昂的薪水和丰厚的福利待遇，营造一个和谐、融洽、积极向上的企业文化环境也是一种有效的手段。

"雷尼尔效应"对领导者吸引和留住人才有一定的借鉴意义：人性化管理是激励员工的一种有效方式。只要你爱护人、尊重人，为他们提供各种必要的保障，就能真正地留住员工的心。

了解阿里巴巴的人都知道在这家公司有一个有趣的怪现象，那就是阿里巴巴的高层管理者们在加盟阿里巴巴以前，在自己原来的领域里都已经是举足轻重的风云人物。比如，阿里巴巴的首席执行官蔡崇信，曾经是瑞典AB公司的副总裁，是著名的投行家。首席技术官吴炯是雅虎搜索引擎的底层专利持有者，曾经主持过雅虎多个项目的设计与开发。阿里大学的校长关明生，在加入阿里巴巴之前是通用公司的高管，并且一干就是16年。就连世界贸易组织前任总干事彼得·萨瑟兰也成了阿里巴巴顾问委员会成员。

在当时，这些人的收入几乎可以"买下几十个甚至几百个当时的阿里巴巴"。然而，这些精英人物们却在阿里巴巴刚刚起步的艰难时期纷纷加盟阿里巴巴，到底是什么吸引了他们呢？答案其实很简单，正是马云对人才的重视。

马云曾经说过"对阿里巴巴来讲，期权、钱都无法和人才相比。员工是公司最好的财富，有共同价值观和企业文化的员工是最大的财富。"因此,马云一直都把引进人才当作是阿里巴巴最为重要的一项工作,甚至还喊出了"天天招聘"的口号。

怎样才是最有效的留人之道呢？很多人首先会想到钱,认为只要给员工高薪就能让他们对自己死心塌地。的确,具有竞争力的薪水、丰厚的年终奖以及其他优裕的物质回报虽然能够让你旗下的人才为之鼓舞,然而,当其他企业为他们提供更优厚的待遇的时候,他们会如何选择呢？为了留住他们,你需要不断地增加砝码,才能使他们心中的天平向你倾斜,最终会使你不堪重负。

高薪只能留住员工的人,却留不住他们的"心",真正能够让员工把自己的全部能力都投入到企业中来的,是更深层次的东西,比如情感投资,比如成长舞台。

马斯洛提出的需要层次理论,把人的需求分为五个层次：生理需求、安全需求、归属感与爱的需求、对尊重的渴求以及自我实现的需求。一个企业能够使员工越高层次的需求得到满足,员工对企业的向心力就会越强,对企业就会越忠诚。

当你把企业变成人才可以在这里展翅高飞的天空以及展示自己、成就事业的乐园之时,他们才会对企业产生认同感和归属感,他们的心才会把你的企业当成是自己可以永久停驻的港湾,更甚至,他们还会把你的企业当成是他们的家,全心全意为之而拼搏、奉献。

后记

让更多追随者得到幸福，才是真正的倍增之道

如今，我们的国家已经富强起来，温饱问题已经不再成为人们的困扰。"衣食足"之后，人们对生活质量的要求越来越高，对幸福的追求和理性的思辨，也变成了自然而然的事情。那么，什么是幸福？它指的是每个人在物质文明、精神文明及社会生活和政治生活指数上都获得比较满意的心理感受。幸福感的满足其实是每一个人内心世界所追求的极致。

企业也是如此，日本经营学专家坂本光司提出：经营公司就是为了履行对"五个人的使命与责任"——使员工和员工家人幸福；使外包、下游厂商的员工幸福；使客户幸福；使地方社会幸福、繁荣；自然造就股东的幸福。企业把员工的幸福、顾客的幸福、社会的幸福当成努力的方向，并以此为准则，衡量企业存在的价值，从而造就股东物质与精神上的幸福，企业得以永续经营那是自然而然的事情。

领导者的责任是让更多追随他的人得到幸福。因为对于追随者来说，他们要想选择追随某一位领导者，一定是因为追随他能给自己带来好处，能让自己过得比现在要好。如果对他的追随对自己毫无益处，那么这样的追随就是不可靠，也不可能长远。

一个优秀的领导者必须认识到这一点，做到承认和尊重员工的个人价值，并为他们创造幸福，这样才能让追随者生死相随。

一直以来，我都坚持这样一种看法：经营企业的核心除了远大的社会价值外，最重的就是要首先满足公司所有员工今天的需求，让员工感到幸福。

一般人会认为，只要公司上市了，所在企业的员工也就幸福了。但在我看来，员工是否幸福，和企业是否上市、是否是行业第一没有直接关系，但如果企业想要做到行业第一，甚至是世界第一，就要学会为员工构建幸福。因为只有幸福的企业，才是最好的企业！只有当每个员工都感到幸福的时候，企业这个大家庭才会幸福。所以，现在我最想做的是，希望通过公司的股份制改革，让员工也持有股份，享受公司发展给他们带来的回报。

在纵生销售集团，几乎所有员工都知道公司未来要发展什么，要做什么。有些企业家不敢向员工说出自己的梦想，这样做对企业未来的发展是极为不利的。但在我看来，任何一个企业家，一定要把未来远大的梦想和目标写出来、画出来，还要让所有员工都清楚地知道；要让所有员工都知道老板要给大家什么，即使暂时还没有实现，只要大家努力去做，未来一定会得到。

后记

让更多追随者得到幸福，才是真正的倍增之道

纵生销售集团的一位保洁阿姨，加入我们这个团队算得上是"天意"。她应聘的时候走错了房间，到了纵生销售集团的办公室，于是就阴错阳差地成了我们团队的一员。现在，她在这里已经工作很多年了，她常对同事们说，在纵生销售集团工作就像是在家里一样，不论是老板还是各个部门的领导，乃至是普通员工，都对她很好。在这里工作，她感觉很幸福。虽然是一名保洁，但是她也切身体会到了"选对行业跟对人"这句话的含义。有一次纵生销售集团开年会，让她讲讲感情，她说了一番话，令我很惊讶。她说，有些时候，并不是多赚到了一点点的钱就是选对了行业，也不是到了一家大公司就是跟对了人，重要的是自己要选择一份有前景、有未来、有意义的工作，跟着一个有激情、有使命、有梦想的老板，这才是年轻人最需要考虑的。

一位保洁阿姨在环境的影响下，能够对工作有如此深的理解，可以想见当一个老板、一家企业真的能够站在员工的角度为员工着想、为员工构建幸福时，所产生的效果会让企业未来的发展空间有多大。

在纵生销售集团，像这样充满幸福感的员工比比皆是。在为我开过车的五个司机当中，有四个后来成了领导。除了留在公司当领导的，其他的也都有了自己的事业，当了老板。在我的影响下，很多员工的人生都发生了彻底改变。

我常对员工们说，我赚钱不是为了自己的享受，而是为了公司的发展和员工的幸福。也许很多老板赚了钱是先为自己买豪车别墅，但我不认同这样的观点，我的目标是让更多

不富裕的员工先富起来，过上幸福的生活，我认为这才应该是企业家最大的追求。在纵生销售集团，职级越高的人，也是付出越多的人。他们从来不讲享受，他们要先让底层的员工幸福。

现在我还在计划为员工建造养老院、建墓地等，让他们的未来有个归宿。因为那些在纵生销售集团工作了一辈子、为纵生销售集团奉献终身的员工是我们的大功臣，纵生销售集团会还他们一个更加幸福的未来。

让员工幸福，是当下有远见的领导者必须倡导并要立即行动的一个重要方面。对于员工而言，他们首要的需求就是拥有财富。如何才能给员工财富呢？授人以鱼不如授人以渔，作为领导者，一定要教会员工创造财富的本领和生存的技能，要帮助员工树立远大的理想，并帮助他们为实现理想稳定心态、制订计划；这样他们就能在潜移默化中慢慢改变自己的僵化思维，并充分理解公司的企业文化，理解老板，理解公司要的是什么，公司会给予大家的是什么；这个时候大家就会齐心协力跟上企业发展的步伐，企业也就会发展壮大。这样，他们工作起来会更有活力和激情，企业才能蓬勃发展。

增强员工的幸福感，还应该摆正人在企业的位置，真正做到以人为本。如今有很多企业是以利润为核心，关心的是目标的达成，这本身没有错，然而，目标的达成和利润的实现，前提都和员工如何作为紧密相关。员工是因，利润是果；没有因，自然也就得不到果。所以，人一定是企业的核心，要以人为本，以人为本就是要尊重人、培养人和发展人。尊重人的本质就是尊重人性，而人性化的本质，又在于从人的需求角度出发，给人应得的尊重和理解，营造关爱、真诚、公正的竞争机制和企业文化，让人感受到做人的平等与尊严；培养人就是要结合企业发展和个人发展，不断予以人培养教育的机会，使人能持续地成长进步；发展人就是要求企业内部能够搭平台、建舞台，让人才有施展的机会，有不断往上走的空间。

只有员工感到幸福，他们才会喜欢企业，才能在企业长久地工作下去，并主动而积极地做出有利企业发展的事情。如果领导者能从员工的利益出发，为他们规划梦想，建造幸福，许他们美好的未来，他们才会坚定地和你站在一起，为了企业的共同目标而努力。

附录

刘海旭经典语录 100 条

1. 千万不要相信你能统一人的思想，那是不可能的。30%的人永远不可能相信你，不要让你的同事为你干活，而让他们为我们的共同目标奋斗，团结在一个共同的目标下，要比团结在一个人周围容易得多。

2. 领导永远不要跟下属比技能，下属肯定比你强；如果不比你强，说明你请错人了。领导要跟员工比什么？要比眼光，比谁看得远；要比胸怀，领导的胸怀是委屈撑大的，要能容人所不容；要比实力，抗失败的能力比他强。一个优秀的领导人的素质就是眼光、胸怀和实力。

3. 年轻人必须思考的几个问题：一是什么是失败？放弃就是最大的失败。二是什么叫坚强？经历许多磨难、委屈、不爽，你才知道什么叫坚强。三是你的职责是什么？比别人多勤奋一点、多努力一点、多一点理想，这就是你的职责。

4. 傻瓜用嘴讲话，聪明人用脑袋讲话，智者用心讲话。

5. 人是退化最严重的动物。跟兽比人很"弱肢"，和狗比人很"闻盲"，但人类"进化"了抱怨。偶尔为之无大碍，但当抱怨成习惯，就如喝海水，喝得越多渴得越厉害。最后发现，走在成功路上的都是些不抱怨的"傻子们"。世界不会记得你说了什么，但一定不会忘记你做了什么！

6. 大家看不清的机会，才是真正的机会。

7. 以前你是谁不重要，未来你要成为一个什么样的人物最重要。

8. 客户第一、员工第二、股东第三。

9. 抢在变化之前先变。

10. 老板和员工都想要对方先给予自己，然后自己再给予对方。到底谁先给？答案是谁有谁先给，谁格局大谁先给。

11. 小聪明不如傻坚持。

12. 心态决定姿态，姿态决定状态。

13. 创业最怕就是看不见、看不起、看不懂、跟不上。

14. 看不见对手在哪里，看不起对手，看不懂对手为什么可以变得那么强，然后就跟不上了。

15. 即使对手很弱小，也一定要把对方看得很强大，即使对手很强大，也不一定要把自己看得很弱小。

16. 当你决定要创业时，便意味着没有了稳定的收入、没有了请假的权利、没有了得红包的机会。然而却更意味着：①收入不再受限制；②时间运用更有效；③手心向下不求人。想法若不同，结果便不同；选择不一样，生活才变样。

17. 真正感动人的不是你去满足对方物质上的需求，而是通过你的所作所为让对方感受到爱和一种付出的精神。

18. 在当今这个充满自私和物欲的社会中，大多数的人只看重眼前的利益，可从古至今哪位成功者不是付出者！

19. 谁都想成功，却不想经历承受、承担、成熟的过程，可是天下没有生下来就无所不知的人。

20. 在团队中，当一件事情没人做，而你认为是自己的事情时，你就成功了！

21. 如果你想成为世界第一，你就要和世界第一在一起。

22. 找到与伟大人物的共通点，为了自己的成功而努力。

23. 世界上没有失败，只有暂时没有找到方法成功！

24. "赶"——不停地"走"和"干"，才会赶上别人。

25. 超——"召"示你不停地"走"才能超越别人；"令"——"今"天努力一"点"，明天才能指挥别人。

26. 为什么人会放弃梦想？因为时间经历得太久了，被现实生活磨灭了，就忘了梦想。

27. 物质就是务实，精神就是梦想，物质与精神的结合就是世界。

28. 当你做别人做不了的工作，你才会有价值。

29. 一个人超越痛苦的速度有多快，成功的速度就有多快！

30. 无论是否从事销售工作，都要学习营销知识，因为生活中处处需要推销自己。

31. 给自己定一个五年的目标，然后把它分解成一年的、半年的、三个月的、一个月的……这样，你才能更好地找到自己的方向、目标和计划。

32. 每个人的梦想都不相同，但自己在没有任何权力选择梦想时，就只能顺从，这到底是错还是对呢？

33. 要想实现梦想，就得破釜沉舟。

34. 一个人真正的孝顺是让他的父母快乐，真正的智慧来自于行动而不是想法。

35. 金诺安康精神——干！干！干！

36. 你享受了收入和荣誉，也要相应地承担责任和委屈，所有的成功者永远是责任和委屈大于收入和荣誉。

37. 这个世界没有完全相同的两个人，所以不要期望别人的想法和你一样。

38. 生命的两种状态：要么生长，要么衰亡。

39. 看一个老板关不关心员工，看他能不能把赚来的钱分给大家。

40. 当领导者能帮助手下的人获得成功的时候，员工就会对公司产生深深的信任感。

41. 能力不是学出来的，能力是干出来的，实践才能育人。

42. 任何一项伟大目标的背后，都有一个"伟大"的存在理由。

43. 这个世界的所有东西不是因为你想要就能得到，而是你选择好了想要才能得到。

44. 精神领袖是能够改变一个人命运的人，他不光能带领团队在某项事业上获得成功，而且会使团队成员在精神层面上取得进步，让团队成员的生命得以升华。

45. 学会相信，做到自信，提升信念，加强信仰，下一个奇迹就是你。

46. 一个人什么事都为自己的利益着想，叫作自私；什么事都为了别人的利益着想，叫作无私；无私即是最大的自私。

47. 什么叫作梦想？梦想就是为之奋斗一生都可能实现不了，但每次想起来都会使你热血沸腾的东西，那就叫梦想。

48. 虽然梦想很难实现，但是在坚持梦想的过程中，你会达成很多不可思议的目标。

49. 老板不要期望员工跟自己拥有一样的梦想，员工加入团队不是为了老板的梦想，而是为了各自的目标。

50. 梦想是很难实现的，目标是必须达成的。不要去统一员工的梦想，而是要统一他们的目标。

51. 当你的团队不断发展、壮大的时候，自然就会有更多人加入。

52. 领导者要敢于做"第一个吃螃蟹的人"，这样做的目的是让那些不相信你的人停止观望。

53. 做事没有抓住命脉，你很快就会被人要了你的"命"！

54. 遇到问题就说是别人的问题，立刻原地踏步，简称"自杀"；遇到问题找借口，我的借口越完美，死得越惨、越彻底！

55. 所有的创业者都是苦行僧。

56. 使命感、成就感、富足感、价值感，拥有了这些，我们才能够骄傲和自豪地说：我很幸福！

57. 军队的战斗力来自于铁的纪律，企业的战斗力和生命力来源于各级人员良好的精神面貌、崇高的职业道德和严格的规章制度。任何伟大的企业在运行过程中，都需要严谨完备、精益求精的管理制度。

58. 没有规矩，不成方圆；没有规则的约束，企业的行为就会陷入混乱。

59. 失败的团队不存在成功者。

60. 老板想到的，老板做到的，老板传承的，员工都学会了，这就是企业文化。

61. 很多人想把自己的企业做到一流，但是他们的员工工资却是三流的，这样的逻辑是行不通的。在一流的企业，一定要给员工一流的收入。

62. 所有的失败最终都是人的失败，所有的成功最终都是人的成功。

63. 老板要让员工安心，看似无为，实则无所不为。

64. 被某种精神所感动，才是真正的感动。

65. 可以要志同道不同的人，不要道同而志不同的人！

66. "事情"：人总要先有事业，才能谈感情，但凡做大事的人，都不会被感情所束缚，事情两个字深刻地告诉我们，无论怎么样都要先做好"事"，事业在前，而后是情。如果情在前，人总是被情所困那就不叫"事情"，而应该叫"情事"。相对于事情来说，情事就很微不足道了。

67. 遐想之后去务实，务实之后再去遐想，这样方能梦想成真。

68. 一个人能认真完成一件事，那只是人手；一个人能用心地完成一件事，那是人才；一个人能用生命去完成一件事，那才是人物！

69. 谁都想成功，但是谁都不愿意经历承受、承担、成熟的过程，没有人生下来就无所不知、天下第一，付出才会有收获！

70. 当你没有高度的时候就不可能带给别人高度，所以要带好团队就必须上高度！

71. 我给大家搭建的平台，目的就是要大家在销售产品的同时，销售出去一颗诚心和爱心！

72. 让我们用健康、快乐、成功、真实、自然的心态来面对每一天，来面对我们身边的每一位家人，面对一切障碍、拒绝和失败。

73. 放下身段重新开始即是"亡"；重新开始，学会演讲即是"口"；学会演讲，立即行动即是"月"；立即行动，结成正果即是"贝"；结成成果，继续学习即是"凡"；继续学习，整合经验才会"赢"！

74. 无论做人、做团队还是做事业，就像过马路时的红绿灯。有时不顺，遇到红灯的情况就多一些，这时就要调整心态，学会耐心等待；如果一路绿灯，那么就好好把握机会，加大油门吧！

75. 人生就像一场比赛，你必须竭尽全力去奔跑，尽己所能去防守进攻，任何停顿都可能带来致命的失败，所以我们做任何事情都要全力以赴，绝不停顿。

76. 只有改变历史，才有可能成为行业第一。

77. 大老板与小老板最大的区别在于梦想的大小，梦想的大小决定格局的大小。

78. 善教又善政者才能得天下。

79. 你想成为什么，就要努力去做什么，当你努力去做什么，未来就会成为什么。

80. 人生只要不是为自己活着，就会活得精彩。

81. 你以前做过所有的事都是正确的，都是为今天的事业而准备。

82. 只有自己找活干的人，未来才是领导候选人，眼里没活干的人，当不了领导。

83. 要用所有的感情和力量说话，才能让人信服。

84. 如果你真有本领，远离你生长的地方，成长速度才快。

85. 企业家竞争的不是产品，而是企业领袖的个人品牌。

86. 对你有严格要求的领导，才是能真正帮助你成长的好领导，使我痛苦者，必使我强大。

87. 任何一个强大的公司都不会给下属安全感，用最残忍的方式激发每个人变得强大，自强不息。

88. 销售的根本，一个是爱，一个是感恩。

89. 整合就是把我的变成我们的过程。

90. 所有员工都会做你检查的工作，不会做你布置的工作。

91. 人生就是经历磨难、痛苦、挫折和失败，从而学会承受、承担、逐渐走向成熟到成功的过程。

92. 很多人不是不进步，而是不知道自己错在哪里！

93. 这个世界所有不是因为你想要就能得到，而是你选择好了想要才能得到！

94. 要以一颗慈悲心去经营你的企业，打造你的团队。

95. 在你努力去实现梦想的过程中，很多人会瞧不起你，越是瞧不起你越是要证明给他们看，这就是一个人成功最大的动力。

96. 当很多人还在问自己或别人是不是的时候，我们已经开始行动了，去做事了；当别人看明白去做事的时候，我们已经筹划下一个市场在哪里了；当别人准备去做市场时，我们已经做成趋势了！这些就是智慧和威信的结晶。

97. 知道才能做到，做到才能得到。

98. 领袖不是一种特权，而是一种责任，他的责任是让更多追随他的人得到幸福。

99. 如果一个老板认为开公司就是为了自己赚钱，那么，他的企业已经被限制住了。

100. "舍得"不是一种交换，而是一种智慧，一种境界，一种格局。舍出去的是钱，得到的是人才。

纵生销售集团的辉煌征程

纵生 11 年，因砥砺奋进而沧桑巨变，在销售行业发展的道路上写下耀眼篇章。

纵生 11 年，因高瞻远瞩而历久弥新，努力成为中国销售大军的重要路标。

纵生 11 年，始终坚持以党和国家的重要指示为方向，奋力拼搏。

纵生 11 年，始终坚持以诚信为基石，促进市场健康发展。

纵生 11 年，始终坚持为员工谋幸福、为合作公司创收益。

纵生 11 年，始终坚持在顽强拼搏中取胜，不忘初心。

感恩伟大祖国，打造适合中国企业发展的良好营商环境。

感恩伟大的党，改革开放，带给中国企业新生和巨变。

11 年，锐意改革和大胆创新，纵生销售集团闯出了一条独具特色的发展之路，每一步，都留下了鲜明的脚印：

2007 年 5 月 10 日，公司开始筹建，刘海旭董事长率创业团队租住民宅，11 人创业团队研讨发展大计。

2007 年 6 月 10 日，举办开业庆典，以阳光保险代理公司命名，注册资本金 100 万元，开业人力 40 余人，签约公司 3 家。

2007年8月，与嘉禾人寿万能险首卖会现场签约，营业额突破100万元。

2007年12月10日，经中国保监会批准，以金诺安康保险代理公司命名，注册资本金200万元，开业人力突破3000人。

2008年1月10日，金诺安康举行开业庆典，辽宁省保监局、辽宁省多家保险公司分公司总经理到会祝贺。

2008年9月6日，辽宁地区第一场千人创业说明会在辽宁大剧院召开，1300人创业需求引起行业广泛关注。

2008年公司全年寿险保费突破千万元，首创安泰人寿经代渠道的保费排名全国首位，公司获辽宁省优秀企业荣誉称号，刘海旭董事长被评选为辽宁省优秀企业家，辽宁省保险行业协会理事，辽宁保险代理行业协会会长。

2009年1月10日，沈阳西部酒城召开一周年庆典，签约寿险公司12家，财险公司14家。

2009年，代理新华人寿保费在经代系统排名前列。

2009年3月8日，公司股权变更，注册资本金500万元。

2009年6月9日，金诺安康黄埔一期组训培训班开班。

2009年4月10日、7月10日、10月10日，公司先后在格林大饭店、辽宁南风国际剧院举办千人创业说明会，董事长刘海旭亲自主讲，得到多家保险公司支持。

2010年1月10日公司在华豹娱乐城举办两周年庆典，签约寿险公司超过14家，2010年恒安标准人寿经代渠道保费占全国首位，继续率超过90%，全国第一，获得恒安标准全国优秀合作单位称号。

2010年7月10日千人创业说明会，为两月举绩15万元标准保费的绩优高手现场发车，创业员工派发红利。

2010年11月，刘海旭董事长先后到中意人寿、恒安标准人寿、中荷人寿总公司，研讨2011年发展战略合作事宜。

2011年三周年庆典在沈阳东方斯卡拉举办，现场1600人参会，辽宁保监局、辽宁省行业协会、多家保险公司总裁、分公司总经理、社会各界嘉宾参会，大会现场为创业团队发车。

2011年3月，股权变更，注册资本金为500万元。

2011年5月8日，黄埔二期组训培训班开班。

2011年6月10日，光大永明人寿副总裁再次莅临金诺安康，与金诺安康共同开发，用金诺安康命名的辽宁保险代理市场中介专属产品——"富康宝金诺一生"诞生。

2012年1月10日，"金诺安康4周年庆典"在东方斯卡拉成功举办。

2012年1月，筹建黑龙江分公司。

2012年2月15日，第一届讲师大赛。

2012年3月，筹建吉林分公司。

2012年4月，筹建长春分公司。

2012年5月8日至7月15日，金诺安康黄埔三期组训培训班开班。

2012年6月26日，《你是世界唯一》在各大新华书店、网站同步发售。

2012年7月7日，在沈阳大学召开3000人励志报告会，刘海旭董事长做"你是世界唯一"主题演讲。

2012年8月8日,信泰人寿爱驾宝产品首卖,5天内销售额突破200万元。

2012年10月12日,金诺安康首届讲师培训班开班。

2012年11月,寿险单月业绩突破200万元。

2013年1月14日,金诺安康5周年庆典在东方斯卡拉圆满召开。

2013年3月,公司领导赴泰国参加高峰会议。

2013年5月,金诺安康黄埔四期组训培训班在兴城开训。

2013年7月,筹建山东分公司。

2013年8月,筹建河北分公司。

2013年10月1日,全国高管、内勤、总监、分公司负责人于兴城培训,研讨并筹备旅游公司。

2013年10月30日,纵生国际贸易有限公司在上海自由贸易试验区注册成立,注册资本金3000万元。

2013年12月,金诺安康旅行社成立。

2014年1月12日,金诺安康6周年庆典暨总结表彰大会在东方斯卡拉圆满召开。

2014年4月,金诺安康第三期讲师培训班开班。

2013年5月,金诺安康黄埔五期组训培训班在兴城开训。

2014年8月,金诺安康第四期讲师培训班开班。

2014年9月4日,刘海旭董事长带领公司高管百余人赴泰国考察旅游路线。

2014年10月1日,全国高管培训班开班。

2014年10月，海诺投资管理公司成立。

2014年12月24日，全国高管赴杭州参加高峰会，研讨2015年全年战略布局。

2014年12月27日，金诺安康7周年庆典暨总结表彰大会在东方斯卡拉圆满召开。

2015年2月，董事长刘海旭带领公司股东到深圳过年。

2015年3月1日，刘海旭董事长率领公司高管到海南，为员工选养老院地址！布局公司养老旅游医疗保险为一体的创新地产业。

2015年3月21日，董事长刘海旭生日宴上，与海南房地产商签约，纵生销售集团旅游地产项目正式启动，第一处旅游地产落户海南，投入资金5000万。

2015年3月24日，公司总部300人开会，推动旅游地产，现场卖出137套旅游地产。启动不到三天时间成功售出182套。

2015年3月25日，"你的爱"面膜上市，开市2个小时，售卖141453元。

2015年3月28日，董事长刘海旭携高管等一众员工880人出行全世界第一次保险业港澳游专列。统一着装，橙色大军一路专列，众人瞩目。

2015年3月30日，"你的爱"面膜上市五天，成功销售100万元！

2015年4月5日，董事长刘海旭携高管带领港澳游专列人员880人，前往毛主席故乡韶山，在东方红大剧院举行千人大会，同时全体人员祭奠伟大领袖毛主席。

2015年4月8日，纵生销售集团第28期主管培训班开班。

2015年6月30日，刘海旭董事长携公司5000名优秀员工海陆空三条线路前往香港召开打破世界保险行业记录的"信即是缘"主题演讲，各行业企业家、影视大鳄邓建国、不老男神汤镇宗、港姐蔡晓仪等明星亲临助阵，会议圆满成功！

2015年8月10日，刘海旭董事长开启金诺安康"辽沈战役"，大干52天，寿险佣金调整到50%，开创保险业33年以来佣金调整先河。

2015年8月，筹建上海分公司。

2015年9月17日，北京金隅民生保险代理有限公司大连分公司成立。

2015年9月18日，北京金隅民生保险代理有限公司白城分公司成立。

2015年9月28日，第29期主管培训班开班。

2015年10月4日，众生餐饮连锁第一家饭店旗舰店正式营业——咱家饭庄，落座小西路82号，股东折扣50%，VIP折扣90%。

2015年10月，金诺安康第6期讲师培训班开班。

2015年10月16日，北京金隅民生保险代理有限公司辽宁分公司成立。

2015年10月27日，北京金隅民生保险代理有限公司通化分公司成立。

2015年10月28日，北京金隅民生保险代理有限公司九台分公司成立。

2015年9月30日—12月20日，黄埔六期组训培训班在兴城开班。

2015年10月28日，刘海旭董事长受韩国世明大学邀请到韩国世明大学为韩国学生演讲。

2015年11月，众生餐饮连锁第二家饭店开业——"山寨吊脚楼"，坐落辽宁省沈阳市大南街。

2015年11月，众生餐饮连锁第三家饭店开业——"八大碗手擀面"，坐落于吉林省长春市安达街。

2015年11月16日，北京金隅民生保险代理有限公司白山分公司成立。

2015年11月30日，北京金隅民生保险代理有限公司吉林市分公司成立。

2015年12月1日，北京金隅民生保险代理有限公司大连市沙河口分公司成立。

2015年12月11日—12月18日第一届全国高管培训班在沈阳168酒店开班，参训高管200人；主要培训企业管理KPI数据分析、保险行业监管规定，通过此次培训加强了所有高管的专业性。

2015年12月19日—12月21日，核心高管在沈阳封闭3天，研讨2016年刘海旭全年行事历及2016全年发展计划。

2015年12月27日，金诺安康8周年庆典暨总结表彰大会在东方斯卡拉召开。

2016年1月，筹建河南分公司。

2016年2月28日—3月5日，金诺安康第7期讲师培训班开班。

2016年3月1日，辽宁纵生文化传媒有限公司成立，注册资本金500万元。

2016年3月21日—3月27日，金诺安康第8期讲师培训班开班。

2016年3月30日，辽宁金诺安康保险代理有限公司在上海举办挂牌仪式，企业代码：209650。

2016年4月28日，刘海旭在深圳举行"迈向成功"主题演讲，参会人数1000人。

2016年5月3日，纵生影业第一部电影《大咖驾到》在沈阳环球金融中心举行开机仪式，《大咖驾到》出品人、导演、编剧、数十名演员悉数到场。

2016年5月13日，下午6：00，纵生影业第一部电影《大咖驾到》在玛丽蒂姆酒店举行新闻发布会，十大门户网站、全国图文媒体进行报道。

2016年6月，筹建四川分公司。

2016年6月，金诺安康第9期讲师培训班开班。

2016年8月，公司斥资1500万元在沈阳市惠工广场奉天银座A座3楼，购买1300平方米总部大楼。

2016年9月，金诺安康第10期讲师培训班开班。

2016年9月9日，纵生集团总部正式迁址奉天银座A座，在上午9：58分举办剪彩仪式，各家合作公司总经理以及社会各界嘉宾参与剪彩仪式；剪彩当天刘海旭宣布正式聘任王秋丽为纵生集团总经理。

2016年9月23日，斥资1000万元在河南郑州购买880平方米大楼。

2016年9月26日，纵生影业第二部电影《屌丝娘娘》演员海选第一轮。

2016年9月，筹建陕西分公司。

2016年10月，筹建安徽分公司。

2016年10月9日，纵生国际携手康佳集团开创电子产品销售模式。

2016年11月，金诺安康第七期组训培训班开班。

2016年12月，纵生国际进军大健康产业。

2016年12月，内蒙古分公司成立。

2016年12月，在沈阳大学召开5000人"9周年庆典暨总结表彰大会"。

2017年1月，江苏分公司成立。

2017年2月，纵生影业投拍电影《大咖驾到》在爱奇艺全网首播。

2017年3月，金诺安康第11期讲师培训班开班。

2017年4月，沈阳火车头体育馆召开"点亮心灯"大型公益演讲暨辽宁纵生企业管理咨询有限公司开业庆典。

2017年5月，与上海美臣战略合作。

2017年7月7日，在香港亚洲国际博览馆举办庆祝香港回归20周年活动。

2017年7月12日，山东济南万达广场购买1000平办公大楼。

2017年7月14日，金诺安康第12期讲师培训班开班。

2017年9月27日，与中国电信成功签约合作。

2017年10月28日，举办首届"孝行天下"主题活动。

2017年11月11日，刘海旭受邀参加第二十九届国际科学与和平周开幕式。

2017年11月12日，中亿名车开业。

2018年1月16日—20日，1000人乘游轮前往越南，召开第10周年年会庆典。

2018年1月29日，刘海旭董事长被"2018中国经济与品牌创新峰会"评为"中国年度品牌创新企业家"。辽宁纵生电子商务有限公司被评为"全国优秀商业模式十佳创新企业（平台）"。

2018年1月29日，刘海旭于北京会见北京博睿思远网络科技有限公司创始人李强，开启中国销售行业与互联网+教育的全新整合模式。

2018年3月22日，辽宁纵生电子商务有限公司与北京博睿思远网络科技有限公司战略签约。

2018年3月26日，在刘老根大剧院举办"点亮心灯"专场演讲，到场演讲老师李强、刘景澜、翟鸿燊、刘海旭。

2018年3月26日—27日，举办辽宁纵生电子商务有限公司与中国驰名品牌帅康厨具战略签约仪式。

2018年3月29日—4月4日，第14期讲师培训班在浙江绍兴开班。

2018年4月26日,沈阳全国机构负责人会议,奖励轿车9辆。

2018年4月30日—5月1日,全国内勤培训。

2018年5月4日—7月11日,黄埔八期组训培训班开班。

2018年6月6日,纵生餐饮旗下"弄堂里一碗好面"上海店开业。

2018年6月17日—23日,第十五期讲师培训班葫芦岛兴城开班。

2018年7月10日,在香港亚洲国际博览馆召开2018年上半年表彰大会暨下半年启动大会,参会人数3000人。

2018年8月9日,刘海旭被辽宁省民营企业协会评为"辽宁省优秀企业家";授予辽宁纵生电子商务有限公司为"副会长单位"。

2018年8月12日—18日,第十六期讲师培训班在陕西西安开班。

2018年9月28日—10月3日,纵生销售集团2018年度企业高管训练营开班,参训人员为全国各分公司负责人及总监。

2018年12月,刘海旭被评选为"2018中国经济十大影响力人物"。